PANÉGYRIQUE

DE

S. VINCENT DE PAUL.

PANÉGYRIQUE

DE SAINT

VINCENT DE PAUL,

PRÊCHÉ DANS LA CHAPELLE DU CHATEAU DE VERSAILLES,

PAR ORDRE ET EN PRÉSENCE

DU ROI LOUIS XVI,

LE QUATRIÈME DIMANCHE DE CARÊME,

4 mars 1785,

PAR LE CARDINAL

JEAN SIFREIN MAURY.

PUBLIÉ

SUR LE MANUSCRIT AUTOGRAPHE DE L'AUTEUR,

PAR Louis Sifrein MAURY, SON NEVEU.

PARIS,

IMPRIMERIE DE CASIMIR,

RUE DE LA VIEILLE-MONNOIE, N° 12.

1827.

PANÉGYRIQUE

DE

S. VINCENT DE PAUL,

PRÊCHÉ DANS LA CHAPELLE DU CHATEAU DE VERSAILLES,

PAR ORDRE ET EN PRÉSENCE

DU ROI LOUIS XVI,

LE QUATRIÈME DIMANCHE DE CARÊME,

4 mars 1785.

J'ai autorisé M. Gayet à insérer à la fin de cette édition le Panégyrique de saint Vincent de Paul; mais cet ouvrage n'en reste pas moins ma propriété; et les formalités voulues ayant été remplies, je déclare que je poursuivrai les contrefacteurs, selon toute la rigueur des lois.

Louis Sifrein MAURY.

PANÉGYRIQUE
DE
S. VINCENT DE PAUL.

Erit vas in honorem, utile Domino, ad omne opus bonum paratum.

Il sera un vase d'honneur, utile au Très-Haut, préparé pour toutes sortes de bonnes œuvres.

Paroles de l'apôtre saint Paul, dans sa seconde Épitre à Timothée, chap. II.

SIRE,

Béni soit à jamais ce jour consacré par notre ministère à la gloire immortelle du sacerdoce de Jésus-Christ; cet heureux jour, où la piété de Votre Majesté a voulu être édifiée par l'éloge de l'un des plus grands bienfaiteurs de l'humanité souffrante, et où nous nous glorifions de pouvoir célébrer un bon citoyen, en présence d'un bon roi! Grâces aux nouveaux honneurs qu'il va recevoir parmi nous, du haut du trône, il jouira donc enfin de toute sa renommée, cet homme simple et vertueux, à qui la religion devoit des autels, et sur lequel un monarque chéri, et digne de l'être, appelle solennellement les regards de son siècle et de la postérité, en plaçant la statue du fils d'un laboureur, dans le temple de la gloire nationale !

Mais est-ce, mes frères, le panégyrique de saint Vincent de Paul, ou l'éloge en action du christianisme, que vous allez entendre ? La tribune sacrée doit acquitter aujourd'hui la reconnoissance de tous les malheureux, envers un indigent qui fut leur meilleur et leur plus magnifique ami. Nous ne pouvons donc vous annoncer trop tôt le grand objet moral que se propose ici notre ministère. Nous venons vous présenter, dans l'histoire d'un citoyen obscur, le consolant spectacle de tout le bien qu'un particulier peut faire à ses semblables, sans autre secours que sa vertu, et les bénédictions du ciel sur ses entreprises. Voilà l'esprit de cette belle vie, dont nous devons vous retracer l'image. Arrivés au terme de sa carrière, vous reporterez des regards d'admiration et d'attendrissement vers un demi-siècle entier de bonnes œuvres que vous aurez parcouru ; et vous mesurerez alors, avec la surprise du respect, l'espace que la charité d'un homme peut remplir.

Vous jouirez ainsi, mes frères, de tout le bien que fit Vincent de Paul, en voyant naître sous vos yeux toutes ses institutions charitables. Il faut en effet, pour le louer dignement, que son éloge ressemble à son âme, qui répandoit sans cesse le bonheur autour d'elle; et qu'à son exemple nous rendions heureux tous les cœurs sensibles, en le faisant revivre dans ce discours.

Mais en commençant l'éloge de l'homme le plus riche en bonnes œuvres, qui ait jamais paru dans le monde, de cet homme que la main de la Providence conduisit, par des voies si extraordinaires, à la singulière gloire de devenir, selon l'expression de l'apôtre, *utile à Dieu lui-même*, nous ne saurions assez vous en prévenir, mes frères, ce n'est pas à Vincent de Paul qu'appartiennent ici vos premiers hommages, c'est à la religion de Jésus-Christ, qui peut seule porter l'homme à une si éminente vertu. Nous nous emparons donc d'avance, pour elle, de tous les mouvements d'amour et de reconnoissance qui vont s'élever dans vos âmes. C'est l'esprit de cette religion sainte que nous venons approfondir, c'est sa gloire que nous allons célébrer, en prouvant, par l'exemple de saint Vincent de

Paul, qu'elle forme de grands citoyens dans tous les pays et dans tous les gouvernements.

Pour nous borner dans un si vaste sujet, nous n'arrêterons vos regards sur aucune des vertus qui ont été communes à Vincent de Paul avec d'autres saints, quoiqu'il les ait possédées toutes au degré le plus héroïque. Nous nous restreindrons aux seuls mérites qui lui sont propres et qui le distinguent. Nous ne vous demandons pas d'écouter son éloge avec intérêt : tous les traits en sont de nature à ne pouvoir être indifférents aux âmes sensibles. Ce n'est pas non plus votre admiration pour lui que nous avons besoin d'exciter par le faste de l'éloquence : vous ne la refuserez pas au simple récit de ses actions. C'est votre seule confiance qui nous est nécessaire; et c'est contre le doute qui accompagne l'étonnement, que nous devons vous prémunir. L'art n'a rien à faire dans un pareil discours, que de rendre la vérité vraisemblable; de saisir la chaîne qui lie les événements historiques avec les desseins du ciel; de rapprocher les épreuves des institutions qu'elles amènent; et c'est assez pour remplir notre attente, qu'on nous écoute et qu'on nous croie.

La vie de Vincent de Paul offre, en effet, un

tissu et une correspondance de faits si extraordinaires, que vous craindriez d'entendre une fiction, si cette chaire de la vérité n'étoit pas le garant du ministre de la parole. C'est ici le merveilleux de la charité chrétienne, porté au plus haut degré d'évidence et d'héroïsme. Souvenez-vous donc bien, mes frères, que nous ne vous dirons rien, dans ce discours, qui ne soit garanti par les preuves les plus incontestables, et que vos pères ont vu tout ce que vous allez entendre. L'homme que nous voulons vous faire connoître, n'a point vécu dans des temps reculés, ni dans des régions étrangères. Il a existé au milieu du dernier siècle, au sein de la capitale de cet empire, qui est encore, et puisse-t-elle être à jamais le principal théâtre de ses bonnes œuvres! Et tel a été Vincent de Paul, que cette solennité n'est pas la fête particulière d'un habitant du ciel, mais la fête universelle de la Providence elle-même, manisfestée par les prodiges les plus frappants, et, pour ainsi dire, imitée par les monuments les plus utiles.

Arrêtons-nous à ce double rapport si étonnamment glorieux pour un simple mortel. Nous verrons, avec une égale admiration, dans Vincent de Paul, l'ouvrage de la Providence, première partie; l'instrument de la Providence, seconde partie. *Erit vas in honorem, utile Domino, ad omne opus bonum paratum.* Implorons les lumières de l'Esprit saint, par l'intercession de la sainte Vierge. *Ave, Maria.*

PREMIÈRE PARTIE.

SIRE,

En parcourant la vie de saint Vincent de Paul, je crois voir, mes frères, se soulever, de moments en moments, le voile dont la Providence a couvert les desseins qu'elle avoit sur ses destinées. Suivez donc avec attention ce cours rapide d'événements qu'elle a si miraculeusement préparés, et son action va devenir sensible.

Voyez d'abord naître (1) cet homme qu'elle appeloit à de si grandes choses, voyez-le naître, vers le milieu du seizième siècle, dans le hameau de Poy, au fond des landes de Bordeaux, dans la chaumière d'un pauvre laboureur, dont

---

(1) Le 24 avril 1576. *Voyez*, à la fin du panégyrique, la note n° 1.

il est le sixième enfant, d'un laboureur qui, pour nous servir ici de l'expression d'un ancien (1), tirera un jour son nom de son fils, comme les autres enfants reçoivent leur nom de leur père, et qui l'emploie dès ses plus tendres années, comme autrefois David, à la garde de ses troupeaux.

Quel prélude, mes frères! La première page de son histoire pouvoit-elle mieux nous le montrer dans les mains de la Providence pour faire éclater ses prodiges! Dans l'ordre commun, cette éducation grossière, disons mieux, cette privation absolue de toute éducation, semble marquer sans retour les destinées d'un pauvre mercenaire, qui doit vivre du travail de ses mains, et mourir dans l'obscurité.

Comment la Providence va-t-elle donc insensiblement l'amener dans ses voies? C'est par la seule vertu de son état et de son âge, la bonté du cœur, que ce jeune berger appelle sur lui les regards de sa famille. Par une vocation anticipée et bien remarquable, mes frères, ce pauvre enfant se montre déjà si miséricordieux, qu'il endure lui-même la faim pour nourrir les

---

(1) Cicéron.

malheureux qu'il rencontre, et auxquels il distribue son pain quotidien au milieu des champs. Son père l'a surpris, plus d'une fois, dans l'exercice de cette charité prématurée : il prévoit que son fils aura des entrailles compatissantes; il pense aussitôt, sur la foi d'une sensibilité si fraternelle, que Dieu veut peut-être en faire un pasteur des âmes. Il obéit à la Providence qui semble expliquer ses desseins, par des penchants si vertueux; et lui qui n'avoit jamais fait instruire aucun de ses autres enfants, croit devoir distinguer celui-ci par le bienfait de l'éducation.

Vincent de Paul entre ainsi dans la carrière ecclésiastique, par l'exercice anticipé des bonnes œuvres, qui sont la dette comme la gloire de notre ministère. Dieu, impatient, si j'ose ainsi parler, de se donner un tel ministre, bénit aussitôt cette vocation, dont il a donné lui-même le signal, et recueilli les prémices dans ses images vivantes. Les progrès de ce berger qui apprend à lire vers la fin de son troisième lustre, sont tellement rapides, qu'à sa vingt-cinquième année il est jugé digne d'être promu au sacerdoce, comme s'il n'avoit pas perdu, à garder les troupeaux de son père, la moitié de son premier âge. *Tulit me de ovibus patris mei et unxit me... pascere gregem populi* (1).

Mais quelle influence le ciel va-t-il donner sur sa nation et sur son siècle à ce jeune prêtre de Jésus-Christ, qui paroît condamné à vieillir à deux cents lieues de la capitale, dans les plus obscures fonctions du ministère pastoral! Déjà l'opinion même qu'on prend de sa vertu, est prête à le dérober à ses destinées. Vincent de Paul est nommé à la riche cure de Thil, dans le diocèse de Dax, par son évêque; mais heureusement il arrive qu'on lui en conteste aussitôt la possession dans les tribunaux, et la délicatesse de sa conscience ne sauroit consentir à s'assurer d'un bénéfice par un procès. Il y renonce donc, persuadé que la Providence ne l'y appelle point, puisqu'elle lui suscite un compétiteur. Il ne se trompoit pas, ô mon Dieu! Vous aviez en effet d'autres desseins sur lui. Je vous rends grâces en ce moment, au nom de l'humanité tout entière, d'avoir détourné ses premiers pas d'une solitude, où son humilité l'eût enseveli pour toujours.

Cette faveur d'en haut est pour son siècle et

(1) 1. *Reg.* cap. 9.

non pour lui, mes frères; et Dieu ne l'écarte d'une terre d'oubli, qui eût été chère à son cœur, que pour le livrer incessamment à l'épreuve la plus terrible. Vincent de Paul part de la Guyenne, à la prière de ses pauvres parents, pour aller recueillir en Provence une légère succession de famille; et dans son trajet de Narbonne à Marseille, il tombe entre les mains d'un pirate qui le mène esclave à Tunis. Vendu trois fois dans un marché public, à des hommes qu'il appelle énergiquement lui-même *les ennemis de la nature humaine;* condamné tour à tour aux travaux les plus durs et aux traitements les plus barbares, il passe trois années entières dans cette affreuse captivité, sans en prévoir le terme, sans être connu de personne, sans que l'on sache, dans sa propre famille, ce qu'il est devenu. Dieu semble l'avoir oublié, mes frères, sur le sable brûlant de l'Afrique; mais ce sommeil apparent de la Providence va finir. En l'envoyant à cette rude école de l'adversité, le ciel a ses vues qui se manifesteront dans la suite. Quand l'Éternel daigne s'allier ainsi avec le temps, pour mûrir et déployer ses desseins, il faut bien en effet, mortels ignorants et impatients que nous sommes, l'attendre au-delà du moment où il agit, pour le comprendre et plus encore pour oser le juger.

Quel sera donc le libérateur que la main du Très-Haut suscitera pour briser ses fers? Des libérateurs, mes frères? Il n'en est point d'autres pour lui que l'ascendant de sa vertu, et le mobile caché de la Providence. Le dernier de ses maîtres, et le plus cruel de tous, est un apostat qui déteste la religion de Jésus-Christ, qu'il a abjurée. La patience de Vincent de Paul, sa douceur, sa résignation, son ardeur pour le travail qu'il adoucit par des prières continuelles, amollissent peu à peu cette âme dure. Il converse avec son esclave qui, par ses vertus, en fait bientôt un homme digne de répandre des larmes, et, par ses lumières, un chrétien capable des plus héroïques sacrifices. La vérité, que Vincent de Paul sait lui rendre aimable et sensible, éclaire et trouble sa conscience. Cet homme, auparavant si intraitable et si farouche, devient tout à coup si docile à la voix du jeune apôtre chargé de ses fers, et s'attache si intimement à Vincent de Paul, que non-seulement il consent à lui rendre sa liberté, mais qu'il demande à le suivre et à s'échapper avec lui. Ils partent ensemble, au milieu de la nuit, sur un foible esquif à la merci des flots, sans boussole, sans pilote, sous la conduite de cette Providence paternelle que Salvien appelle *le grand pilote de l'univers* (1), traversent la Méditerranée, et arrivent heureusement à Aigues-Mortes. Oui, sans doute, c'est elle encore, ô mon Dieu! pouvons-nous dire ici littéralement avec Salomon, c'est bien votre seule providence qui gouverne cette barque dans sa route, et ouvre à Vincent de Paul, dénué des secours de l'art, un chemin au milieu des mers. *Tua, pater, providentia gubernat, quoniam dedisti ei in mari viam, etiamsi sine arte adeat mare* (2).

A peine descendu sur le rivage de la France, Vincent de Paul, impatient de soulager ses frères qu'il a laissés dans les cachots de Tunis et d'Alger, ouvre les yeux autour de lui, s'adresse à l'homme le plus puissant de la contrée, va exposer aussitôt leurs maux au légat d'Avignon, et plaide la cause de ces infortunés, d'une manière si éloquente, que le prélat Montorio prend pour lui-même le plus tendre intérêt. C'est ici, mes frères, que se renoue cette chaîne de la

---

(1) *De Providentiâ*. lib. 2.
(2) *Sap*. C. 14, v. 3.

Providence que le malheur sembloit avoir rompue. *Mes pensées ne sont pas vos pensées*(1), dit l'Éternel aux hommes téméraires qui veulent sonder la profondeur de ses décrets. Vincent de Paul ne cherchoit dans Montorio qu'un bienfaiteur pour les compagnons de sa captivité ; il trouve pour lui-même un protecteur qui se l'attache, l'amène à Rome, et parle de lui avec tant d'enthousiasme, dans cette capitale des nations, que les ambassadeurs de Henri IV, le meilleur des grands hommes, veulent le voir et l'entretenir. Le cardinal d'Ossat, si profond dans l'art de connoître les hommes, et duquel Sixte V disoit que *pour échapper à sa sagacité il ne suffisoit pas de se taire, mais qu'il falloit encore s'abstenir de penser devant lui*, le cardinal d'Ossat juge bientôt ce jeune prêtre françois digne de sa confiance la plus intime, l'associe à ses négociations, le rend à sa patrie, et le charge d'une commission importante auprès du bon roi. Henri le Grand, après avoir plusieurs fois conversé avec Vincent de Paul, conçut pour lui tant d'estime, qu'il avoit annoncé

---

(1) *Non enim cogitationes meæ cogitationes vestræ.* Isai. cap. 55, vers. 8.

publiquement à sa cour la résolution de l'élever à l'épiscopat, quand le plus exécrable des parricides rendit nos pères orphelins, et fit verser à toute la France des larmes qu'une révolution de près de deux siècles n'a pas encore pu tarir.

Voilà donc, mes frères, Vincent de Paul, après un si lamentable désastre, au milieu de la capitale, sans appui à la nouvelle cour, sans biens, sans parents, et livré à la seule Providence qui se le réserve sans partage pour l'exécution de ses desseins. Mais loin de recourir vers ces premières lueurs de prospérité qui auroient pu tenter son ambition et égarer son inexpérience, il se hâte de se dérober à la fortune, rentre avec joie dans les routes les plus obscures, et se dévoue à servir les pauvres infirmes dans le nouvel hôpital *de la Charité*. C'est là que la Providence lui ménage, dans ces malades eux-mêmes, des médiateurs et des appuis. Il les instruisoit, les servoit, les consoloit du moins des maux auxquels il ne pouvoit remédier, et les assistoit sans relâche, avec ce zèle d'un homme compatissant qui, en voyant souffrir ses semblables, partage leurs angoisses et sent le vertueux besoin de les soulager, pour adoucir les tourments de son propre cœur. Ces infortunés, tous les jours attendris des soins paternels qu'il leur rendoit, ne savoient comment lui exprimer leur admiration et leur reconnoissance. Le cardinal de Bérulle, conduit par sa piété, ou plutôt par la Providence elle-même, va les visiter un jour (1). Dès qu'il paroît au milieu d'eux, comme l'ange de la charité, de tous ces lits de douleur s'élève un concert de bénédictions qui lui recommandent ce prêtre miséricordieux et secourable. Le cardinal, saisi lui-même d'un saint respect devant cet homme vertueux qui s'humilie et se retire à l'écart, pour se soustraire à tant d'hommages imprévus, reçoit les vœux de ces pauvres malades, se charge d'acquitter leur dette; et le lendemain, d'aumônier d'un hôpital, Vincent de Paul devient aumônier de la reine Marguerite de Valois, qui le fait nommer aussitôt à l'abbaye de Chaume.

O mon Dieu! je ne désespérois pas de ses destinées dans le malheur qui élève toujours l'âme, quand il ne parvient pas à l'avilir; mais votre providence semble s'éloigner de lui dans la prospérité, épreuve si terrible pour la jeu-

(1) *Deuxième mémoire des pièces produites pour la canonisation*, tome 2.

nesse et si redoutable à la vertu. S'il n'a que de l'ambition, il peut désormais nourrir son oisiveté du pain du sanctuaire. Qu'attendre en effet pour l'Église de Jésus-Christ, ou pour la société, d'un esclave emporté par une si brusque faveur dans la carrière de la fortune? Qu'attendre, mes frères? qu'il redevienne pauvre. C'est ce que veut la Providence, qui semble craindre de l'exposer à trop de dangers, en le laissant plus long-temps riche, tandis qu'elle travaille ses vertus en silence; et sa volonté s'accomplit.

Vincent de Paul a su essuyer avec courage les plus accablants revers; mais il ne sait pas endurer une oisive opulence, et il se démet volontairement de sa charge et de son abbaye. Voulez-vous connoître le motif de ce double sacrifice? Il a entendu dire au cardinal de Bérulle, son digne protecteur, que la cure de Châtillon, dans le diocèse de Lyon, étoit si pauvre qu'après avoir été répudiée successivement par trois titulaires dans une seule année, on ne pouvoit plus trouver aucun pasteur pour la remplir. C'en est assez pour la lui faire envier. C'est cette paroisse abandonnée qu'il demande, et qu'il préfère à tout. Il ne craint pas qu'un procès vienne le troubler dans la cure de Châtillon, où il ne trouvera point d'avides compétiteurs pour la lui disputer. La Providence, qui le forme à son insu, veut lui montrer de près la misère des campagnes, l'influence des bons pasteurs, les malheurs et les abus auxquels il doit remédier un jour; et il n'est pas encore mûr, au gré du Très-Haut, pour ses vastes destinées : mais il a beau fuir et se cacher dans l'humilité de ses vertus; quand les moments marqués dans le ciel seront arrivés, mes desseins subsisteront, dit l'Éternel, et ma volonté s'accomplira tout entière. *Consilium meum stabit, et omnis voluntas mea fiet* (1).

Six mois se sont à peine écoulés, depuis que Vincent de Paul exerce ses fonctions pastorales à Châtillon, avec une ardeur et un succès qui tiennent également du prodige. Déjà il a gagné la confiance des pauvres, par les secours qu'il a obtenus en faveur de l'indigence, la confiance des riches, par cet amour éclairé, suivi et discret du bien, qui rallie toutes les âmes charitables au ministère d'un bon pasteur. Il a régénéré les mœurs de son troupeau ; il a terminé quarante-

(1) *Isai*. cap. 46, vers. 10.

deux procès, et banni la discorde de l'enceinte de sa paroisse. Il a fait, pour toutes les classes de l'humanité souffrante, l'heureux essai des établissements charitables que nous verrons s'élever dans la suite (1). Il s'est formé aux plus grandes entreprises de bienfaisance, en observant avec l'œil du zèle les besoins des pauvres, les abus de la charité, les ressources du ministère pastoral. Il a montré à la dombe étonnée, pour employer ici ses propres expressions, *combien un bon prêtre est une grande chose*. Il jouit du bien qu'il a fait, du bien qu'il médite. Il espère de vivre et de mourir dans l'exercice de ses fonctions, d'autant plus précieuses à son âme, qu'elles le placent sans cesse auprès des malheureux; enfin il a donné une telle idée de sa sainteté, qu'après sa mort, ses paroissiens ont juridiquement attesté que dès-lors leur voix unanime prophétisoit hautement sa canonisation.

Tout à coup l'autorité, sacrée pour lui, du cardinal de Bérulle, qui se déploie avec la plus ferme persévérance, disons mieux, les décrets du ciel dont il se dit formellement l'interprète, et qui se dévoilent insensiblement, arrachent

(1) *Voyez*, à la fin du Panégyrique, la note n° 2.

Vincent de Paul aux larmes de son troupeau chéri, l'enlèvent à son ministère public, et le consacrent, malgré ses alarmes et sa résistance, à l'éducation des enfants du marquis de Gondi, général des galères. *Général des galères!* j'insiste sur ce mot : la Providence a ses desseins.

Vincent de Paul préside à l'éducation de ce fameux cardinal de Retz, qui profitera si tard des leçons et des exemples d'un tel maître. Mais quand le disciple viendra s'asseoir, jeune encore, sur le siége de Paris, il vous expliquera le secret de Dieu, en autorisant, pendant son épiscopat, tous les établissements de Vincent de Paul.

Ne craignons donc pas, mes frères, que Vincent de Paul s'écarte de sa route, en acceptant un emploi que la destinée de ses élèves rend si important pour la religion. Dailleurs, ici même, l'inquiète vigilance de sa charité lui découvre de nouveaux moyens de bienfaisance et de zèle. Il passe avec ses disciples la plus grande partie de l'année dans leur château de Montmirel. Là, les souvenirs de son enfance lui inspirent, comme au bon prophète Amos, un attrait soudain de vocation pour enseigner la religion, seule morale du peuple, aux habitants des campagnes, dont il avoit partagé les fatigues dans son premier âge. Il lui sied sans doute de devenir l'apôtre de ses frères; son cœur se retrouve avec eux en famille. Il consacre à leur instruction tous les loisirs qu'il peut dérober au sommeil. Ces longs sillons qu'il parcourt péniblement avec eux pour ne pas les détourner de leurs travaux, deviennent pour lui l'école expérimentale de l'éloquence apostolique, par laquelle nous le verrons dominer dans la suite la capitale du royaume. C'est ainsi que, docile aux inspirations du ciel, Vincent de Paul conduit, à chaque pas de sa vie, par l'ange de la Providence, qui ne lui dévoilera son secret, comme au jeune Tobie, que lorsque les desseins de Dieu seront remplis, entre dans la carrière des missions; nouveau genre de bien auquel la Providence veut le former, et qui prendra bientôt, par son exemple et ses institutions, de si salutaires accroissements.

Mais, soit que son humilité s'alarme de la vénération que lui témoigne toute cette illustre famille; soit que le zèle brûlant qui le dévore, se trouve trop à l'étroit dans l'enceinte de cette maison; soit que la haute fortune dont il est menacé l'épouvante; soit enfin qu'il *cède au mouvement de ces pensées profondes que le ciel envoie* (1), selon le langage de Bossuet, il fuit les grands dont il emporte les regrets; il fuit le bruit de ses vertus; il fuit le danger des richesses, et il fuit si loin que sa renommée ne pourra pas l'atteindre.

Quelle retraite va-t-il choisir? Pendant les trois années qu'il vient de passer dans la maison du général des galères, Vincent de Paul visitoit régulièrement, dans cette capitale, les malheureux condamnés à la chaîne, que la Providence sembloit avoir rapprochés de lui, pour les mettre sous la garde de son zèle. Ce spectacle a remué profondément son âme : il ne peut plus contenir sa pitié; il part, sans communiquer son dessein, pour aller faire des missions dans les chiourmes de Marseille. Nous savons de lui-même, mes frères, que pour toucher ces hommes durs, il baisoit leurs fers, les assistoit dans tous leurs besoins, et qu'à force de douceur, de tendresse et de charité, *il parvint bientôt*, selon le témoignage authentique de l'évêque de Marseille, *à faire de ce repaire de tous les vices, un temple où l'on entendoit sans cesse*

(1) Oraison funèbre du grand Condé.

les louanges de Dieu, dans des bouches auparavant vouées au blasphème (1).

Cependant parmi ces forçats qu'il soumet à la Providence, il en trouve un dont le désespoir lui résiste. C'est un jeune homme condamné, par des lois fiscales, à trois années de captivité sur les galères, et inconsolable de la misère où il a laissé sa femme et ses enfants. Vincent de Paul ne peut tarir ses larmes, il va briser ses fers : il profite de l'obscurité dans laquelle il s'est caché, pour déployer toute la charité qui l'enflamme : il sollicite et obtient la liberté de cet infortuné, par un moyen que l'imagination n'oseroit prévoir; et, à l'exemple de l'illustre évêque de Nole, saint Paulin, qui, pour rompre la chaîne d'un esclave en Afrique, se réduisit volontairement en esclavage, Vincent de Paul se met lui-même à la place de ce jeune forçat.

L'héroïsme de la vertu a son invraisemblance, mes fréres, pour nous surtout qui ne vivons plus dans ces temps saintement héroïques, où de si sublimes sacrifices étoient communs dans notre religion, fondée sur un pareil

---

(1) *Recueil des pièces pour la canonisation*, page 132. *Voyez*, à la fin du Panégyque, la note n° 3.

échange du divin Rédempteur, qui s'est fait homme pour racheter le genre humain. Sainte et vraiment fraternelle charité des premiers âges du christianisme, qu'êtes-vous devenue? Nous en connoissons plusieurs parmi nous, disoit le pape saint Clément, oui, nous en connoissons beaucoup qui se sont dévoués à la captivité pour briser les chaînes de leurs frères, et qui se sont condamnés à l'esclavage, pour les sustenter du prix de leur liberté : *multos inter vos cognovimus qui se ipsos in vincula conjecerunt, ut alios redimerent. Multi se ipsos in servitutem dederunt, et accepto pretio sui alios cibarunt* (1). Vincent de Paul avoit été réservé pour recevoir de Dieu, dans ces derniers temps, l'une de ces âmes primitives échappées aux premiers siècles de la religion chrétienne. Notre abject égoïsme, étonné d'un élan si sublime de charité, ne trouvant plus au fond de nos cœurs le persuasif témoignage d'une émulation si généreuse, n'estime plus assez les hommes, et ne nous permet plus de nous estimer assez nous-mêmes, pour s'élever aujourd'hui à la croyance d'un pareil dévouement. Les sacrifices d'un grand ca-

(1) *Epist.* 2, n° 10.

ractère nous humilient trop pour pouvoir s'allier avec nos idées rétrécies de la vertu, qui ne sont plus que la mesure honteuse de nos sentiments.

Mais la preuve de ce fait si étrange, dont il ne faut pas juger surtout par notre police actuelle, la preuve de ce fait authentique, sans lequel vous verrez bientôt que tout le reste de la vie de Vincent de Paul seroit inexplicable, cette preuve est discutée et rapportée dans le procès de sa canonisation. Ce n'est point dans l'enthousiasme de la jeunesse, c'est à sa quarantième année, que Vincent de Paul descend à ce sublime excès de bienfaisance et d'avilissement. Le voilà donc, chrétiens, confondu avec les forçats, chargé de chaînes, une rame à la main, sous les dehors humiliants d'une victime des lois, victime volontaire de la charité! Qu'il est grand, qu'il est auguste dans son abjection! O mon Dieu! contemplez, du haut du ciel, ce spectacle vraiment digne de vos regards; et que tous les chœurs des anges vous bénissent dans ce moment, d'avoir, dans les trésors de votre miséricorde, des récompenses éternelles, pour payer un si grand sacrifice! Fers honorables, sacrés trophées de la charité, que n'êtes-vous suspendus aux voûtes de ce temple, comme l'un des plus beaux monuments de la gloire du christianisme! Vous orneriez dignement les autels de Vincent de Paul, en rappelant à la société les citoyens que lui donne la religion de Jésus-Christ; et la vue de ces chaînes justement révérées comme un objet de culte public, aideroit, de siècle en siècle, notre ministère à lui en former encore de pareils (1).

Peut-on ajouter quelque chose à la grandeur de cette action? Oui, mes frères, c'est le soin que prit Vincent de Paul, pendant toute sa vie, pour la cacher à ses contemporains. Jamais cet homme dont les infirmités attestèrent jusqu'à sa mort cet héroïque et cruel dévouement, jamais cet homme qui répétoit sans cesse, dans les cours des rois, qu'il étoit le fils d'un laboureur, et qu'il avoit gardé les troupeaux dans son enfance, jamais il n'a parlé de ce beau trait de sa vie, qu'il n'osa pourtant jamais désavouer. Il ne répondoit que par un doux sourire, et les yeux humblement baissés, quand on lui en rappeloit le souvenir, rougissant de la joie involontaire qui échappoit à son âme, au seul nom des forçats. Dans un premier épan-

(1) *Voyez*, à la fin du Panégyrique, la note n° 4.

chement de cœur, il avoit confié, par écrit, ce secret à un ami. Il apprend dans sa vieillesse qu'on a conservé cette lettre. Dès ce moment il fait des efforts incroyables pour la recouvrer. Il n'auroit pu prendre plus de précautions pour cacher le plus grand des crimes. L'homme de confiance qui écrivoit sous sa dictée, rendit heureusement ses instances inutiles, en ajoutant : *Si la lettre qu'il vous demande est honorable pour lui, gardez-vous de la renvoyer; car il la brûleroit*. C'est ainsi qu'il a fallu, presque toujours, dérober sa gloire à son inexorable humilité, qui s'efforçoit de l'anéantir.

Le bruit d'un si étonnant sacrifice s'étant répandu, Vincent de Paul quitte Marseille, et, trop heureux de trouver un refuge contre l'admiration publique qui le poursuit, cet humble héros du christianisme court ensevelir avec joie son importune réputation dans l'obscurité de la cure de Clichi. Fugitif de la Providence, où vas-tu? Il se détourne, mes frères, de la voie où le ciel l'appelle; mais Dieu, qui le surveille, le ramènera bientôt dans sa route. Le général de Gondi, instruit du dévouement de ce vertueux transfuge, se hâte d'en informer le roi; et Louis XIII, pour faire éclater le triomphe de Vincent de Paul, dans le lieu même de son humiliation, le nomme aumônier général des galères. Le supérieur de sa congrégation jouit encore aujourd'hui à ce titre, de cette dignité, comme du plus précieux héritage de sa gloire. Il y a dans cette récompense, je ne sais quoi d'antique et de grand qui élève l'âme et l'attendrit (1).

Mais Vincent de Paul se bornera-t-il aux seules fonctions de cette place, qu'il a certes bien méritée? Non, mes frères; elle ne suffit pas à l'activité de son zèle. La Providence a d'autres vues sur lui; elle se hâte d'ouvrir une nouvelle carrière au génie de la charité, qui se manifeste en lui avec tant d'éclat, par le don imprévu que lui attire alors sa renommée, de la riche maison de Saint-Lazare, don qu'il refuse pendant une année entière, *pour mieux s'assurer*, dit-il, *du vouloir de la Providence*.

Aussitôt qu'il a ainsi éprouvé la volonté divine, avant d'accepter un si solide établissement, ce digne ministre de Jésus-Christ, doué au plus haut degré, du rare talent de parler dignement de Dieu, régénère les mœurs publiques de la

---

(1) *Voyez*, à la fin du Panégyrique, la note n° 5.

capitale, en y ouvrant gratuitement, chaque année, à plus de vingt mille hommes de tous les états, ces retraites si salutaires, dont l'usage subsiste encore dans les campagnes et dans nos armées. Cet infatigable conquérant des âmes fait, en peu d'années, jusqu'à trois cents missions. Mais bientôt il s'aperçoit que le bien qu'il opère dans le royaume ne sauroit y être durable, s'il n'est soutenu par le ministère des pasteurs. Le sanctuaire ne lui présente que des scandales qu'il désespère de réformer. Il jette alors les yeux sur la génération naissante. Il fait servir aux desseins de la Providence, l'intimité de ses liaisons avec la maison de Gondi. Il propose au cardinal archevêque de Paris, de ranimer l'esprit ecclésiastique dans ce vaste diocèse, le modèle de toutes nos autres Églises ; et ce prélat ne croit pouvoir mieux seconder une si haute entreprise, qu'en prescrivant, comme une condition indispensable pour être promu aux ordres sacrés, l'obligation de faire une retraite sous les yeux de Vincent de Paul. Ainsi préposé à l'instruction des jeunes clercs, l'espérance du sanctuaire, il sent le besoin de prolonger l'éducation sacerdotale. Cette idée lumineuse, dont tous les ordres de la société doivent envier les avantages aux ministres de la religion, lui montre à la fois et le but et la route. Aussitôt, par l'établissement des séminaires dans cette capitale et dans tout le royaume, Vincent de Paul accomplit le vœu si fécond et si inquiet du concile de Trente, et régénère le clergé de France, qui, grâces à cette immortelle institution, devient le premier clergé de l'Europe.

C'est alors que, déployant cet esprit du sacerdoce, dont le cardinal de Bérulle fut en France le principal moteur, Vincent de Paul, environné d'une légion d'émules enflammés de son zèle, sort de sa retraite avec ce cortége de saints prêtres qui, en marchant sur ses traces, se répandirent dans tout le royaume pour y propager ses bienfaits et sa gloire, étonnèrent tous à la fois le dernier siècle par le génie créateur des fondations, *destinées,* selon ses propres paroles, *à faire circuler abondamment dans le sanctuaire l'antique sève sacerdotale*, et se signalèrent à l'envi par les monuments les plus utiles à la religion, comme à la société, dont les intérêts sont inséparables ; les d'Alméras, les Ollier, les Tronçon, les Bernard, les Eudes-Mezerai, les Bourdoise.

Je le vois lui-même, à la tête de son séminaire, ayant pour disciples Bossuet de Meaux, Abelli de Rodez, Pérochel de Boulogne, Godeau de Vence, Pavillon d'Aleth, Vialard de Châlons, et se formant une colonie de coopérateurs qui perpétueront à jamais ses travaux. Voila son école et ses ouvrages!

C'est ainsi qu'en inspirant de tous les côtés l'admiration et la confiance, et en s'associant, sans aucun dessein, pour l'assistance du moment, une élite d'excellents prêtres qu'il anime de son esprit, Vincent de Paul établit, presque à son insu (1), sa congrégation *de la mission*, également recommandable par le suffrage des pontifes, l'estime des rois et la vénération des peuples. Pour la rendre digne à jamais d'un nom si apostolique, par un ministère sans cesse en action, il en destine une colonie nombreuse aux missions étrangères, c'est-à-dire, à étendre l'empire de Jésus-Christ, en bravant habituellement et obscurément toutes les horreurs de la proscription, de la captivité, de la faim, de la peste et du martyre, dans les régions les plus lointaines et les plus barbares du globe. Mais, saintement jaloux de se survivre à lui-même

---

(1) *Voyez*, à la fin du Panégyrique, la note n° 6.

dans sa patrie, il lie par un vœu spécial tous les membres de l'association, dont il est le chef, à des missions continuelles dans l'intérieur de la France, en faveur de ces dernières classes de la société, où la religion seule est une puissance vraiment populaire pour la conscience, parce qu'elle seule donne des bases immuables et un ressort tout-puissant à la morale publique. Vincent de Paul est, sous tous les rapports, l'homme du peuple. Le peuple est la famille de son cœur et l'héritage de son zèle. Il veut donc que ses coopérateurs lui ressemblent, et soient éminemment comme lui les prêtres du peuple. Il les consacre ainsi à instruire d'abord, à consoler, à sanctifier ces pauvres habitants des campagnes au milieu desquels il est né, et à soutenir ensuite ses admirables institutions, les unes par les autres, en formant, dans les séminaires, des curés pour toute la France (1).

Le projet, qu'il a si heureusement exécuté, de donner à cet empire le corps de ses pasteurs, je veux dire, ses quarante-cinq mille meilleurs

(1) Voveo præterea stabilitatem in congregatione ad effectum in toto vitæ tempore *saluti pauperum rusticanorum* me applicandi.

citoyens, est l'une des plus grandes pensées que le zèle du bien public ait jamais conçues. Je lui rends avec confiance un pareil hommage sur la foi de Louis XIV, qui, spécialement admirable par la connoissance et le choix des hommes, a voulu que la famille spirituelle de Vincent de Paul vînt faire respecter la religion à Versailles par son désintéressement, en y exerçant seule et à jamais les fonctions si importantes du ministère pastoral. Grâces immortelles lui en soient rendues! Les espérances du grand roi n'ont pas été trompées. Les enfants n'ont point dégénéré, dans cette corruptrice région, du zèle apostolique et de la simplicité de leur père. Établis à la cour depuis un siècle et demi, ces vertueux missionnaires s'y montrent constamment dignes, par leur primitive ferveur, de servir de modèles à tous les pasteurs du royaume.

Tant de travaux et de succès portoient ainsi, tous les jours, la renommée de Vincent de Paul du sanctuaire à la cour des rois, où l'on affecte si souvent de louer le bien, pour persuader qu'on l'aime. Louis XIII, parvenu au terme de la décrépitude, à la fleur de l'âge, voit son tombeau prêt à s'ouvrir. Il a le courage, naturel à son sang, de se détacher du trône et de la vie;

mais il sent le besoin, si pressant pour un roi que la mort va traduire au tribunal suprême, d'un médiateur puissant auprès de Dieu, pour ranimer sa confiance dans un si terrible moment. Un mois avant sa mort, seul avec les pensées éternelles, il se souvient, dans son lit de douleur, de l'héroïsme chrétien du missionnaire forçat. C'est cet homme de Dieu, que sa vénération lui désigne alors pour l'assister à sa dernière heure. Il écarte aussitôt le dépositaire ordinaire de sa conscience, et met son âme entre les mains de Vincent de Paul, qui la remplira d'espérance et de paix (1).

Voyez, mes frères, cet apôtre des campagnes appelé tout à coup, comme l'ange de la miséricorde, pour attendrir et éclairer un roi mourant. Voyez-le lui présenter, en deçà du tombeau, la religion consolatrice qui vient adoucir les horreurs de sa longue agonie. A côté d'un si touchant spectacle, voyez-le prendre le jeune héritier du trône dans ses bras, instruire le fils de sa croyance et de ses devoirs, en pleurant avec lui auprès de ce lit de mort, pour pénétrer plus avant dans le cœur et dans la conscience

---

(1) *Voyez*, à la fin du Panégyrique, la note n° 7.

du père, et au milieu de ces débris domestiques de toutes les grandeurs humaines, où Dieu seul reste debout, enseigner chaque jour avec onction à Louis XIV, encore enfant, et qui s'en souvint toujours, les premiers principes de l'Évangile, qui sont aussi le vrai code de l'humanité. Louis XIII ne verse plus dans le sein de l'ami de Dieu que des larmes de componction, de résignation et d'amour. Mais, avant de rendre entre ses bras le dernier soupir, il faut que ce prince accomplisse les desseins qu'avoit la Providence, en lui envoyant un tel ministre. Je l'entends, en effet, ranimer sa voix mourante, pour attirer les bénédictions du ciel sur les prémices du règne si glorieux de son successeur, en exhortant la reine à confier à ce saint prêtre le choix des premiers pasteurs qu'elle va donner aux peuples, pendant sa régence. Anne d'Autriche n'hésite point d'obéir à cette volonté sacrée. Elle nomme Vincent de Paul chef de son conseil de conscience; elle lui confie, au grand étonnement de sa cour, cet important ministère des mœurs, des études, des services, des récompenses ecclésiastiques, et veut que ce même instituteur des séminaires, qui a si bien su former les évêques, soit spécialement chargé du soin de les choisir.

O Vincent de Paul ! tu t'es soumis à la Providence dans les revers : ne lui résiste pas quand elle te condamne à la prospérité. Peux-tu douter que ton élévation ne soit son ouvrage ? Ton désintéressement subira cette épreuve sans altération. En t'amenant de si loin à une si grande place dans la tribu lévitique, afin que tu y mettes chacun à la sienne, Dieu veut que ton ministère devienne une époque immortelle de gloire pour le clergé de ta patrie. Tu en as été le modèle, sois-en désormais le régulateur. Viens montrer à la France quelle émulation soudaine et toute-puissante y crée ou y développe les vertus et les talents propres à chaque emploi, sous un gouvernement qui sait les apprécier. Viens à la voix du ciel qui t'appelle. Viens, digne favori de la Providence, viens te mesurer une seconde fois avec la fortune. Viens donc. Ce n'est pas une âme comme la tienne, que le pouvoir sera capable de corrompre. Eh ! qui sait, te dirons-nous comme Mardochée à Esther, si Dieu ne te confie pas une si importante autorité, pour t'opposer seul aux déréglements de la minorité de Louis XIV ? *Quis novit utrùm idcircò ad regnum veneris, ut in tali tempore parareris* (1)?

Vincent de Paul obéit à l'impulsion du zèle qui l'anime; mais l'ambition ne s'élèvera pas jusqu'à lui. La première fois qu'il paroît devant la régente, il forme publiquement le vœu solennel de n'accepter jamais, ni pour lui, ni pour sa congrégation, aucune grâce ecclésiastique. Il est fidèle à son serment; il continue de vivre dans son honorable indigence, tandis que par ses mains se répandent tous les trésors du sanctuaire, et il se rend, pendant dix ans, au conseil du souverain, avec autant de simplicité qu'à ses missions de village. Son pouvoir augmente l'autorité et l'influence de ses vertueux exemples. C'est à lui que commencent la grave régularité, les longues études, l'association préalable au gouvernement des évêques pour parvenir à l'épiscopat, et l'esprit ecclésiastique, qui distinguent éminemment l'Église de France. Ses choix, dont le premier clergé de Louis XIV fut composé, honoreront à jamais son ministère; et il suffit de se rappeler quels furent les pré-

(1) *Esther*, cap. 4, vers. 14.

lats de son temps, pour juger de son discernement et de ses principes.

Relégué à la cour par la Providence, Vincent de Paul n'y fixe point son cœur. Au milieu des troubles de la Fronde, où l'intrigue a cessé parmi nous de dégénérer en faction, il va, sans craindre le ressentiment du cardinal Mazarin, demander et redemander la paix à Saint-Germain-en-Laye, en faveur de cette capitale toujours non moins facile à tromper que terrible dans ses égarements. Le bruit de sa disgrâce se répand aussitôt dans Paris. A peine est-il démenti par son retour, que ses amis accourent à Saint-Lazare pour l'en féliciter. Voulez-vous connoître toute l'énergie de l'humilité chrétienne? Écoutez sa réponse. *Plût à Dieu*, dit-il, *que la nouvelle fût vraie! Mais un misérable comme moi ne mérite pas cette faveur* (1).

Et quelle est donc cette faveur qui lui paroît si importante et si désirable? Est-ce de la fin de sa captivité à Tunis, est-ce du terme de son martyre sur les galères, que Vincent de Paul parle avec une si éloquente impatience? Non, mes frères, c'est de l'humble et ardent désir

---

(1) *Voyez*, à la fin du Panégyrique, la note n° 8.

qui le tourmente, de n'être plus à la tête du conseil des rois.

C'est ainsi que la Providence est sans cesse obligée de faire violence à l'humilité de Vincent de Paul, et qu'elle le conduit par la main, à travers les désastres les plus accablants, au premier de tous les ministères ecclésiastiques. Tous les moyens dont elle se sert pour l'élever, sont pour lui autant d'actes de vertu. Elle le fait naître d'abord dans l'indigence, et son éducation est une espèce de prodige. A peine l'a-t-elle arraché à cette première obscurité, qu'elle l'envoie en esclavage pendant trois années entières. Elle le place ensuite un moment sous les yeux de Henri IV, cinq mois à l'hospice de la Charité, trois années dans la maison de Gondi, six mois à Châtillon, plusieurs années dans les séminaires ou dans les missions, un mois auprès du lit de mort de Louis XIII. Tous les moments de sa vie sont marqués et comptés par la Providence, qui le prépare de loin, par tant d'épreuves, à ses hautes destinées. Dieu commence enfin à sortir de son secret, selon l'expression des livres saints, et l'appelle à la distribution de toutes les prélatures du royaume. Changeons les noms, mes frères : ce n'est plus Vincent de

Paul que nous voyons ici ; c'est Joseph qui garde les troupeaux de son père Jacob, est vendu aux Ismaélites, mené en captivité, délivré de la servitude par l'assistance du ciel, et assis auprès du trône de Pharaon, pour répandre les grâces du roi d'Égypte.

L'histoire d'un homme justement célèbre finiroit là, et paroîtroit dignement remplie. C'est ici que celle de saint Vincent de Paul commence. Il est déjà un vase d'honneur préparé par le Très-Haut à toutes les bonnes œuvres. Il faut que, par une lutte soutenue avec la Providence, il oppose à présent prodiges à prodiges; qu'il acquitte envers les infortunés la dette que lui imposent, et des malheurs si instructifs, et une élévation si imprévue ; que les merveilles de la seconde moitié de sa vie fassent ressortir les intentions admirables du ciel, dans les épreuves de la première, et que, déployant à la fois toute l'activité d'une grande âme, tout le courage de l'amour patient du bien, toute la sagesse du génie de l'expérience, toutes les ressources du zèle, tous les prodiges de la charité, il achève, par une glorieuse ressemblance, de justifier l'oracle de saint Paul, que nous lui avons appliqué, en se rendant utile aux desseins du Seigneur. *Erit vas in honorem, utile Domino, ad omne opus bonum paratum.* C'est le sujet de la seconde partie de son éloge.

SECONDE PARTIE.

Chantez un hymne, pouvons-nous dire ici avec le prophète Isaïe, chantez un hymne en l'honneur de la Providence, pauvres et malheureux qui habitez dans la poussière! *Expergiscimini, et laudate qui habitatis in pulvere* (1)! Nous vous annonçons un ami, un protecteur, un père. Et vous, mes frères, qui dans les premiers rangs de la société, croyez si difficile de faire du bien à vos semblables, descendez, et voyez sortir de la classe la plus obscure le modèle le plus accompli des bienfaiteurs de l'humanité. Heureuse destinée de la France! Au milieu des orages de la Fronde, Vincent de Paul fonde dans sa capitale ses plus grands établissements de charité, comme, un siècle auparavant, au milieu de l'anarchie des guerres civiles,

(1) *Isaiæ*, cap. 26, vers. 19.

Michel de L'Hôpital donnoit à cet empire ses meilleures lois. Voici donc un prêtre de Jésus-Christ, qui ne s'est signalé par aucun ouvrage éloquent en faveur des malheureux, et à qui le mot même de bienfaisance fut inconnu, mais qui s'est montré tel, et par ses bonnes œuvres, et par l'influence de ses vertus, qu'on ne peut penser sans effroi à ce que seroit encore cette capitale, s'il n'eût jamais existé, ni sans attendrissement à ce qu'elle deviendroit bientôt, si Dieu lui donnoit, chaque siècle, un citoyen de ce caractère. *Il a passé*, comme Jésus-Christ, *sur la terre, en y faisant du bien aux hommes* (1). Il recula pour les indigents les bornes ordinaires de la Providence. Ses sollicitudes paternelles en faveur des malheureux eurent toute l'ardeur et les rapides profusions d'une passion violente, mais avec cette longue constance qui n'appartient qu'à la vertu. Il aima tellement ses semblables, qu'en lui la charité fut ainsi plus active, que ne l'a jamais été, dans aucun mortel, la cupidité la plus effrénée. Il devint le héros immortel des chrétiens citoyens, et il parut des-

---

(1) *Pertransiit benefaciendo.* Act. apost. cap. 10, vers. 38.

tiné du ciel à montrer à la terre cette religion patriotique, génie du bien pour créer, comme l'impiété est le génie du mal pour détruire.

D'abord, sans entrer ici dans l'immense détail de ses aumônes particulières, dont il est impossible à la religion de développer le tableau, observez, mes frères, dès son premier établissement, que Vincent de Paul veut imiter, en quelque sorte, l'éternité de la Providence, par la stabilité des secours qu'il assure aux malheureux. Tout le bien qu'il a fait subsiste encore, pouvons-nous dire de lui avec Salomon, et est inébranlablement affermi dans le Très-Haut. *Stabilita sunt bona illius in Domino* (1).

Durant le cours de sa vie pastorale à Châtillon, il avoit formé une association charitable de l'élite de son troupeau, pour veiller au soulagement des pauvres et à l'économie des aumônes. Mais telles étoient les bénédictions dont le ciel couronnoit ses vertus, que chacune de ses bonnes œuvres devenoit pour la religion un établissement public. *Ce foible ruisseau forme*, en effet, bientôt *un grand fleuve*, selon l'expres-

(1) *Eccl.* cap. 31, vers. 11.

sion des livres saints (1). La confrérie pour les malades, que Vincent de Paul a fondée à Châtillon, sert de berceau à cet admirable établissement des *filles de la Charité*, dont notre siècle respecte les services, comme l'un des plus beaux titres de gloire de la religion, et dont l'Angleterre a demandé, de nos jours, des colonies à la France.

Vincent de Paul, qui *croyoit*, disoit-il, *aux bonnes et aux mauvaises races*, exige que l'on n'admette dans cet institut que des aspirantes issues d'une famille irréprochable depuis plusieurs générations, et qu'on ne se relâche jamais sur la sévérité de ce nouvel ordre de preuves, *des preuves de vertu*. Il écarte l'oisiveté de ses filles chéries, en s'emparant de tous leurs moments au nom des malheureux, et en remplissant leur vie tout entière de cet ensemble de vertus célestes qu'exige le service des malades. Il ne leur impose point d'autres devoirs que le soulagement continuel de l'humanité souffrante. *Vous n'aurez*, leur dit-il dans sa règle, *point d'autres monastères que les maisons*

(1) *Fons parvus crevit in fluvium maximum. Esther*, cap. 11, vers. 10.

des pauvres, point d'autres cloîtres que les rues des villes et les salles des hôpitaux, point d'autre clôture que l'obéissance, point d'autre voile qu'une sainte modestie. Mon intention, ajoute-t-il, *est que vous traitiez tout homme infirme, comme une mère tendre qui soigne son fils unique.* Il porte les tendres prévoyances de la charité jusqu'à leur ordonner formellement *d'égayer et de réjouir les malades, s'ils sont trop frappés de leurs maux.*

Pour prémunir ces humbles servantes des pauvres contre des regrets qui les rendroient inutiles, en les dégoûtant de leur état, ce sage législateur, jaloux d'entretenir dans un institut si héroïque l'ardeur d'un zèle toujours renaissant, ne les admet à la profession qu'après cinq ans entiers d'épreuves, ne leur permet alors de se lier par des vœux que pour une seule année, et veut que chaque année, écoulée en quelque sorte dans la ferveur d'un noviciat continuel, renouvelle ainsi, devant Dieu et devant les hommes, le mérite de leur première consécration. Enhardi par leurs succès, Vincent de Paul généralise les fonctions de ces anges visibles de la Providence, leur demande des vertus aussi vastes que les besoins publics, et les estime assez pour mettre en dépôt dans leurs mains toutes ses bonnes œuvres. Ces dignes filles d'un si bon père, animées de son esprit, servent de mères aux orphelins, se dévouent à l'éducation des enfants, assistent les malades, les veuves, les vieillards, les prisonniers, les forçats, les pauvres honteux, les soldats blessés; épient tous les maux de l'espèce humaine, pour n'en laisser aucun sans soulagement; luttent sans cesse contre tous les désastres qui naissent de l'indigence, ou de l'âge, ou des infirmités, ou des accidents, ou des revers, ou des vices, ou des crimes de leurs semblables; comptent les vertus les plus précieuses à l'humanité au nombre des fonctions ordinaires de leur état, et remplissent avec une sainte joie le ministère de la charité, le plus rebutant pour la nature, mais le plus honorable aux yeux de la religion, dans les villes comme dans les campagnes, sur les galères comme dans les prisons, dans les réduits obscurs de la misère comme dans les asiles publics.

Aussi, au milieu de la décadence universelle des ordres religieux, le ciel, qui protége visiblement les filles de Vincent de Paul, pour mettre partout leur touchante innocence entre sa justice et les misères humaines, ne cesse de multiplier leurs établissements et leurs succès dans toute l'Europe. C'est la famille officieuse de la Providence, qui se conserve et se répand en tout lieu, pour justifier dans la bouche des malheureux cette prière sublime, dont l'homme ne conçoit toute la profondeur que par sentiment, quand elle le rapproche de Dieu par une adoption tutélaire, pour le consoler dans ses angoisses : *Notre père, qui êtes aux cieux !* Oui, sans doute, infortunés, vous avez bien véritablement un père dans le ciel, puisque tant de mères secourables vous le représentent sur la terre. Bénissez donc à jamais celui qui, en vous léguant leur charitable assistance, vous a tous réintégrés dans votre filiation divine. C'est aux sollicitudes maternelles des vertueuses filles de Vincent de Paul, qu'il a si bien nommées les *filles de la Charité* elle-même, que vous reconnoissez la paternité de votre Dieu, en recueillant tous les jours, de leurs mains, une portion de son héritage.

La vie active et laborieuse, qui est l'âme de ce bel institut, s'offroit sans cesse aux regards de Vincent de Paul comme l'essence de la charité. Sa grande maxime fut toujours de placer la vertu dans les œuvres de miséricorde. *Il faut aimer Dieu*, disoit-il souvent, *à la sueur de son front*. Dès que ses missions lui laissent quelque intervalle de repos dans la capitale, un autre genre de bien à faire vient l'occuper. Les pauvres sont toujours présents à son cœur. Une continuelle douleur le presse de les soulager. Venez et voyez : il a fait pendant quarante ans un long cours de tribulations, d'expériences et d'épreuves; il revient pendant quarante ans à toutes ces instructives époques, pour en méditer les leçons ; et, les trésors de la charité à la main, il va rechercher tous les genres d'infortune dont il a été le témoin ou la victime.

Vincent de Paul se souvient d'avoir vu autrefois, dans l'*hôpital de la Charité*, le modèle des soins que la religion doit à l'humanité souffrante; et, dans un cœur tel que le sien, un pareil spectacle ne sauroit être ni stérile pour la Providence, ni perdu pour les malheureux. Il va donc, pour se délasser au retour de ses missions, observer, comme tuteur des pauvres de Jésus-Christ, ce qui se passe dans les hôpitaux. Celui de tous où son influence est le plus nécessaire, l'*Hôtel-Dieu* de Paris, ouvre d'abord une vaste carrière à son zèle ; mais il sent le besoin d'en modérer l'ardeur pour le rendre plus efficace. Je le vois attentif à prendre, pendant plusieurs mois, toutes les précautions d'humilité, de déférence, de respect, qui peuvent lui faire pardonner le bien qu'il médite. Après avoir ainsi préparé les voies de la Providence, il entre enfin comme en triomphe, avec son association, dans l'Hôtel-Dieu de la capitale, que l'on peut appeler l'hôpital de toute la France et même de l'Europe entière. Un court intervalle lui suffit pour y établir, au moins durant plusieurs années, l'esprit d'ordre, de vigilance, d'économie, d'humanité, et de cette piété véritable qui est l'âme de toutes les bonnes œuvres. D'un côté, il multiplie les secours; de l'autre, il réforme les abus. Il remarque avec douleur qu'une ancienne loi de cet hospice oblige indistinctement tous les malades qu'on y reçoit, à se présenter aussitôt au tribunal de la pénitence. Vincent de Paul, animé d'un zèle pur et éclairé, cet homme vertueux dont la foi étoit si vive, et à qui les intérêts du ciel étoient si chers, repousse, au nom de la religion, un hommage qu'elle désavoue; il rend la confession libre et volontaire, et fait cesser à jamais toute contrainte religieuse dans un asile ouvert, par son institution, à toutes les religions comme à tous les peuples.

De nouveaux souvenirs de sa vie passée suggèrent à Vincent de Paul de nouveaux desseins de bienfaisance. Ici, mes frères, il ne se borne ni à la capitale, ni même à nos provinces, pour rendre la Providence sensible à ses concitoyens. Il a été esclave en Barbarie : ce digne Israélite se souvient donc de la servitude de Babylone, et travaille, comme Zorobabel, à réparer les maux de la captivité. Après avoir consacré d'abord douze cent mille livres au rachat de ses successeurs d'infortune ; après avoir prévenu la plus désespérante de leurs privations, en leur ouvrant un bureau général et gratuit de correspondance avec leurs familles, dans sa maison de Saint-Lazare ; après avoir doté pour eux un vaste hôpital dans les murs d'Alger, il fonde des secours permanents pour la rédemption des captifs, et leur destine à jamais des colonies de missionnaires, pour les consoler du moins et cultiver leur foi, en attendant qu'il puisse payer leur rançon. Il a été le martyr de la charité sur les galères : il fonde dans cette capitale, à la porte Saint-Bernard, un hospice particulier pour les forçats, qu'il délivre pour toujours des cachots de la Conciergerie, et il leur ouvre à Marseille, dans leurs infirmités, un hôpital de trois cents lits. C'est ainsi que Vincent de Paul fait tourner ses anciens malheurs au profit de l'humanité, et s'acquitte solennellement dans la prospérité envers la Providence (1).

L'esprit du Seigneur s'est reposé sur cet homme compatissant, pour consoler tous ceux qui pleurent. *Spiritus Domini super me, ut consolarer omnes lugentes* (2). Le spectacle de la douleur est tout-puissant sur son âme. Cet homme qui a été si malheureux et si dur pour lui-même, n'en est que plus sensible aux misères et aux maux de ses frères. Chaque infortuné est pour lui non-seulement son semblable, mais encore un ancien compagnon de souffrance et un autre lui-même. Dès qu'on lui expose les besoins des misérables, son attention et son intérêt s'éveillent. Il n'éclate point en cris soudains d'une factice et stérile sensibilité; il ne s'excite point à des larmes hypocrites, et n'affecte pas cette émotion de calcul, qui mendie des applaudissements en exagérant la pitié. Mais quelqu'empire

---

(1) *Voyez*, à la fin du Panégyrique, la note n° 9.

(2) *Isaiæ* cap. 61, vers. 1 et 2.

qu'il soit accoutumé à exercer sur lui-même, surtout pour cacher ses vertus, on découvre dans tous les traits altérés de son visage un homme pénétré de douleur, qui sent profondément tous les maux qu'on lui raconte. La vue, le nom seul des pauvres lui cause un frémissement soudain, et remue ces esprits de miséricorde dont il est rempli. L'âge n'émousse point une si tendre sensibilité. La vieillesse, qui est ordinairement pour les autres hommes le temps du repos et de l'indifférence, devient l'époque la plus active de sa vie, et son cœur ne vieillit point avec lui. Différent de l'homme du temps qui se concentre en lui-même, quand il touche à la fin du court période de ses jours, au-delà duquel il n'étendit jamais ses destinées, l'homme de l'éternité, Vincent de Paul, est un voyageur sur la terre, et, loin de se ralentir, il redouble d'ardeur en s'approchant du terme de sa carrière.

Voyez-le se hâter de remplir de bonnes œuvres les restes d'une vie prête à lui échapper. Ce n'est qu'à l'âge de cinquante-cinq ans qu'il commence ses établissements publics. Par un nouveau prodige, tous les plus éclatants prodiges de sa charité sont renfermés dans ses trente dernières années ; et encore s'éclaire-t-il lentement par des essais réitérés, en soumettant tous ses projets à de longues expériences. Il a reçu d'en haut cette patience des affaires qui en prépare le succès. S'il trouve des obstacles sur sa route, loin de vouloir les surmonter par le crédit de sa renommée, il se tourne du côté du ciel dont il médite l'œuvre en silence, il se tait devant la contradiction, pour explorer si elle vient de Dieu ou des hommes. Il se confie si peu en ses lumières, que son humilité prend sans effort l'attitude du doute. Il ne capitule pas, mais il diffère. Il cherche la vérité, il cherche le bien dans l'examen approfondi de ses plans, et non pas la victoire. Toute espèce de lutte répugne à son cœur autant qu'à ses maximes. Il charge le temps d'user la résistance des esprits. Il attend paisiblement, mais avec toute l'obstination d'un saint zèle, les moments marqués par l'Être suprême. Il ne combat rien, et il triomphe de tout; et, comme s'il marchoit visiblement à la suite de Dieu dans ses entreprises, il ne précipite aucune bonne œuvre, *de peur*, disoit-il souvent, *d'anticiper sur la Providence*. Un exemple particulier va vous rendre plus sensible, mes frères, cette méthode de prudence dans le bien.

Vincent de Paul aperçoit dans cette capitale quarante mille mendiants sans foyers, sans pain, sans mœurs, multitude effrayante que Henri IV et Sully avoient également désespéré de disperser ou de secourir. Mais Vincent de Paul, qui disoit sans cesse, sur la foi de son expérience, *que les trésors de la Providence étoient inépuisables, et que la défiance déshonoroit Dieu*, Vincent de Paul n'est point intimidé à la vue de ces quarante mille indigents. Une faveur particulière d'en haut est attachée à ses bonnes œuvres. Tout ce qu'il entreprend prospère et subsiste à jamais : *Omnia quæcumque faciet prosperabuntur* (1). L'enthousiasme de la charité enflamme son courage. Il se sent tout-puissant avec la protection de la Providence. C'est elle qui le rassure, car c'est elle qui l'inspire. Eh! le moyen qu'une âme comme la sienne puisse douter de l'assistance et des bénédictions du ciel, quand elle s'y confie en faveur des malheureux! *Commençons seulement le bien*, dit-il, *et Dieu finira*. Animé du goût antique pour les grandes entreprises, il propose donc la fondation d'un *hôpital général* pour abolir la mendi-

(1) *Psalm.* 1, vers. 3.

cité dans cette capitale, en assignant des ressources suffisantes aux véritables besoins. Vincent de Paul est seul ici. Il ose pourtant se mesurer avec une conception si hardie. On baisse les yeux d'effroi autour de lui, devant le courage de sa charité. L'hôtel-de-ville de Paris, épouvanté d'un tel fardeau, lui oppose que l'exécution de son projet est impossible, et que les pauvres sont trop dépravés pour vivre en paix dans un asile commun. A cette difficulté que l'on croit insoluble, Vincent de Paul s'arrête, mais il ne se rebute pas. Il sait avec quelle déplorable facilité les hommes prévenus argumentent sur tout, et avec quelle promptitude d'orgueil la contradiction les irrite. *Il craint*, dit-il, *d'attirer des ennemis aux malheureux, en se hâtant trop de les servir*. Il ne veut convaincre son siècle que par l'évidence du bien. Il change donc de conduite, sans changer de dessein. Pour mieux atteindre au but, il appelle de l'opinion publique à l'événement, et il va répondre à des conjectures par des faits.

Dès long-temps, il étoit pénétré de compassion pour ces pauvres artisans, que la caducité privoit de la ressource du travail, et livroit à tous les maux réunis de la vieillesse et de l'indigence. Il imagine alors de se confier à l'autorité de leur exemple, pour hasarder une première épreuve dont le succès puisse rassurer l'opinion publique. Il rassemble aussitôt, par forme d'essai, pour qu'une bonne œuvre en appelle et en engendre une autre, il rassemble, dis-je, une colonie de trois cents vieillards des deux sexes, dans l'hôpital du *Nom de Jésus* qu'il établit. Il les pénètre d'abord profondément de ces principes religieux qui, au lieu d'un seul témoin sévère que chaque homme trouve dans sa propre conscience, lui en découvrent dans le ciel un autre non moins intime et plus inexorable encore, qui doit être son juge. Il leur déclare donc qu'il les rend responsables à jamais du sort de tous les pauvres de la capitale, et qu'il leur demandera compte, au tribunal de Dieu, de l'expérience charitable qu'il va tenter en leur faveur. L'hôpital du *Nom de Jésus*, ainsi fondé par lui sous la garantie de leur conscience, devient bientôt, par la sagesse prévoyante de ses réglements, un modèle accompli d'union et de charité chrétienne. L'exemple parle alors, et opère une révolution soudaine dans les esprits; l'humanité a gagné deux fois sa cause, au tribunal de l'opinion, et au fond de tous les cœurs. La possibilité d'introduire l'ordre dans le réceptacle de toutes les misères humaines, est démontrée par le fait qui dément tous ces sophistes pusillanimes. La police s'établit dans la capitale, et elle est délivrée à jamais de cette pauvreté errante et vagabonde dont elle étoit infestée depuis l'origine de la monarchie. Tous les secours abondent; un concert universel de bénédictions proclame le succès du héros du christianisme. Plus puissant que les rois, Vincent de Paul, soutenu de l'ascendant de sa vertu sur l'opinion publique, et de toute l'autorité de ses bonnes œuvres, fonde l'hôpital général de *la Salpétrière*, et assure la dotation de ce vaste hospice de la Providence, dans lequel il reçoit à perpétuité six mille malheureux. Tout le reste n'étoit qu'un ramas de vagabonds, qui, en se voyant privés des ressources immorales d'une oisive mendicité, se dispersèrent d'eux-mêmes, comme il l'avoit prévu, et comme il l'avoit annoncé. Il est doux de rappeler que pour exécuter cette haute entreprise, qui suffiroit seule pour l'immortaliser, Vincent de Paul transforma en quelque sorte les pierres en pains. On lui avoit donné six cent mille livres pour bâtir son église de Saint-Lazare; il en changea la destination, et cette somme fut employée à la construction de la Salpétrière.

Après le succès d'une si étonnante entreprise, cet ardent sectateur de bonnes œuvres ne laisse point ralentir son zèle, et ne se délasse de ses travaux que par de nouveaux travaux. Paris ainsi secouru, il se tourne vers les provinces. La Lorraine est dévastée par vingt-cinq années de guerre : la famine et l'épidémie y font les plus cruels ravages; les campagnes y restent couvertes de cadavres qui propagent la mort de toutes parts, en attendant l'asile du tombeau. La Picardie et la Champagne partagent les mêmes désastres. Les députés de ces malheureuses provinces accourent à Paris. Est-ce à un homme célèbre par son opulence, est-ce aux grands écrivains du siècle, est-ce à l'un des administrateurs de l'État, est-ce au souverain lui-même qu'ils s'adressent? Non, mes frères; ils ont recours à ce pauvre prêtre que la voix publique leur a désigné au fond de leurs provinces, disent-ils éloquemment, *comme l'intendant des affaires de Dieu*.

La présence de cet homme vertueux, semblable aux autels du Tout-Puissant, rassure d'abord les infortunés qui l'environnent. Aussitôt Vincent de Paul, qu'on auroit pu croire épuisé par ses établissements publics, nourrit les hôpitaux, les monastères, la noblesse, les laboureurs, les soldats. Sa charité, selon l'image des livres saints, est *un fleuve de bénédictions qui répand partout l'abondance* (1). Il ne se borne point à des secours momentanés. Pendant dix années consécutives, il envoie à ces provinces désolées trente mille livres par mois, des médicaments, des chariots chargés de pain, des semences, des socs, des charrues, du bétail, des ornements d'église, des vêtements pour vingt mille hommes de tous les états. Ses largesses sont tellement prodigieuses, qu'à la fin des calamités la métropole de Reims, jalouse d'acquitter la reconnoissance des peuples par un hommage extraordinaire, ordonne une procession générale pour demander au ciel la conservation de Vincent de Paul, et le conjurer de répandre sur le sauveur de trois provinces les bénédictions les plus abondantes (2).

---

(1) *Benedictio illius quasi fluvius inundavit. Eccles.* cap. 39, vers. 27.

(2) *Voyez*, à la fin du Panégyrique, la note n° 10.

Ici, mes frères, en considérant cette immensité de bonnes œuvres, je me représente saint Vincent de Paul comme l'ange tutélaire de la France. Ah! je reconnois, avec la plus tendre admiration, que le beau idéal de la charité chrétienne a été réalisé parmi nous dans la vie de ce grand homme. Loin de dérober à sa gloire l'obscurité de son origine, je me sens pressé de lui appliquer dans ce moment la même question que les juifs s'adressoient mutuellement à la vue des merveilles de Jésus-Christ : Est-ce donc le fils d'un artisan qui fait de si grandes choses? *Nonne hic est fabri filius* (1)?

Est-ce le fils d'un laboureur qui, pendant la guerre de la Fronde, sauve deux fois cette capitale du pillage, en y livrant deux fois sa maison de Saint-Lazare, et en nourrissant pendant cinq mois deux mille pauvres tous les jours (2); qui ouvre un asile aux victimes de la séduction, et établit pour elles *la Magdeleine du Temple;* qui fonde l'hôpital si utile

---

(1) *Matthæi* cap. 13, vers. 55.

(2) *Cùm Parisiorum civitas ingenti annonæ penuriâ gravissimè vexaretur, domi suæ ad duo millia pauperum sustentavit. Bulla can.* part. 25.

des filles orphelines? Est-ce lui qui est le restaurateur de toutes les communautés consacrées au soulagement des malheureux, des hospitalières de Notre-Dame, des filles de Miramion, des filles de Sainte-Geneviève, des filles du Bon Pasteur, des filles de la Croix, des filles de la Providence? *Nonne hic est fabri filius?*

Est-ce le fils d'un laboureur qui pourvoit, dans tout le royaume, à toutes les misères humaines; qui, après avoir assuré dans un lieu le soulagement et la subsistance des indigents, passe et va secourir ailleurs des malheureux qui l'attendent, sans examiner si la renommée l'accompagne, sans laisser la moindre trace de vanité dans ses bonnes œuvres, sans donner son nom à aucun de ses établissements, sans demander aux hommes la gloire pour récompense de ses travaux ou de ses bienfaits? *Nonne hic est fabri filius?*

Est-ce le fils d'un laboureur qui, après avoir efficacement travaillé à la réforme conservatrice des abbayes de Sainte-Geneviève, de Grammont et de Prémontré, va ériger en Bourgogne le fameux hôpital de *Sainte-Reine*, pour y faire participer à jamais, et deux fois chaque année, quatre cents pauvres infirmes, à l'usage de ces eaux salutaires qui n'avoient coulé jusqu'alors que pour les malades opulents? Est-ce lui qui, n'oubliant dans ses sollicitudes morales et compatissantes aucune espèce de bien à faire, ouvre des maisons de réclusion et de refuge à l'amendement d'une jeunesse dissolue, et des hospices salubres aux infortunés qui ont perdu l'usage de la raison? Est-ce lui qui, mettant en réserve le superflu de ses largesses, et qui étalant dans ce royaume, par anticipation, tout le luxe de la charité, fonde des ressources annuelles et à jamais subsistantes, pour des générations et des calamités qui n'existent point encore, pour les grêles, pour les inondations, pour les incendies? *Nonne hic est fabri filius?*

Est-ce le fils d'un laboureur qui, dans le cours d'une vie de près d'un siècle, n'existe pas un seul jour pour lui-même; qui, en se consacrant tout entier au soulagement de ses semblables, travaille sans relâche au bien de sa patrie et au bonheur du monde; qui, sans se borner à une classe unique de malheureux, à une contrée particulière, à un seul âge, embrasse, dans son immense charité, tous les infortunés, toutes les générations, tous les âges, tous les pays, tous les siècles; et qui, ne trouvant pas le présent assez vaste pour contenir son cœur, s'empare d'avance de l'avenir, appelle devant sa charité toute la postérité souffrante, et va, pour ainsi dire, l'attendre au loin pour la devancer et la secourir par les plus magnifiques largesses? *Nonne hic est fabri filius?*

Est-ce enfin le fils d'un laboureur, à qui cette capitale et même cet empire ne suffisent pas pour remplir le besoin immense qu'il a de soulager les malheureux; pour qui tout homme souffrant sur le globe devient un ami, un frère, un fils chéri; qui envoie des aumônes et des missionnaires en Pologne, aux îles Hébrides, en Barbarie, à Madagascar; des secours continuels aux chrétiens maronites opprimés par les Turcs, aux catholiques anglois persécutés par Cromwell? Est-ce le fils d'un laboureur, ou la Providence elle-même? *Nonne hic est fabri filius?*

Je m'arrête, mes frères, et je vous entends poursuivre aussitôt avec le peuple juif : Où trouva-t-il donc de si prodigieuses ressources? *Nonne hic est fabri filius? Unde ergò huic omnia ista* (1)? Je vous entends me demander avec éton-

(1) *Matthæi* cap. 8, vers. 56.

nement comment il est possible qu'un homme obscur, pauvre, isolé, ait distribué des secours et doté des établissements, qui surprendroient dans le ministre d'un roi puissant et dans un souverain lui-même? Je vous entends me demander dans quelle source intarissable il puisa tant de trésors, ou s'il avoit reçu du ciel le don des miracles. Non, mes frères, il n'y a rien de surnaturel dans ses moyens. Nous devons même remarquer glorieusement pour lui, dans l'histoire de ses bonnes œuvres, cette instructive stérilité de miracles, comme l'Évangile a eu soin de la relever dans la vie de saint Jean-Baptiste: *Quià Joannes signum fecit nullum* (1). Nous n'avons donc à vous présenter ici d'autre prodige que Vincent de Paul lui-même; mais un homme d'un si grand caractère et d'une bienfaisance si agissante et si féconde, est plus rare qu'un miracle dans l'histoire de la religion.

Quels ont donc été ses moyens? Ses moyens, mes frères, sont d'abord dans la force irrésistible de son exemple, qui, agissant sur l'âme de tous ses prosélytes, lui en fait autant de coopérateurs animés de son esprit. Pour concevoir cet

---

(1) *Joannis* cap. 10, vers. 41.

ascendant continuel d'un homme simplement et sincèrement vertueux, qu'on trouvoit toujours d'autant plus grand qu'on l'approchoit de plus près, il faut le voir dans l'intérieur de sa maison, étonnant, sans même s'en apercevoir, tout ce qui l'environne, par la naïveté d'une âme toujours grande et la familiarité d'une vertu toujours héroïque, suffisant à tous les besoins par une infatigable activité, et entraînant tous les esprits par la sublime simplicité de ses actions et de son caractère. Il faut le voir, toujours inaltérable dans la sérénité de son heureux naturel, ne se refuser et ne se borner à aucune bonne œuvre, constamment patient pour supporter les infortunés, ce qui est souvent plus difficile et plus méritoire que de les secourir, et sans cesse excité, par sa belle âme et son excellent cœur, à rendre à ses semblables, avec amour, tous les genres de services qui se trouvent sur la ligne, ou dans l'analogie de la charité. Il faut le voir peu satisfait encore de tant de largesses et de bons offices, qui ne laissent aucun relâche à ses soins secourables, il faut le voir allant inviter tous les jours, et deux fois chaque jour, pour convives, les deux premiers pauvres qui se présentent à sa porte, leur donnant à sa table les places d'honneur, et les y servant lui-même avec le plus tendre respect : usage digne des plus beaux siècles de la charité chrétienne, et qui, religieusement pratiqué par ses successeurs, se conserve encore aujourd'hui dans sa maison de Saint-Lazare. Il faut le voir, avant tous ses repas, adresser au ciel, à haute voix, une prière reconnoissante pour ces bons laboureurs dont le travail a produit le pain qui va le nourrir. Il faut le voir lorsque, dans sa vieillesse, il est forcé par l'archevêque de Paris d'accepter de la reine-régente le don d'un carrosse, si nécessaire à l'activité de son zèle et de ses travaux, et qu'il appela toujours *son ignominie*, il faut le voir s'humilier d'en faire usage, ne se consoler de la nécessité de s'en servir, qu'en l'employant à transporter tous les jours, à ses côtés, ou dans leurs réduits, ou dans les hôpitaux, les vieillards indigents et les pauvres malades qu'il rencontre sur son passage.

Ses moyens sont dans l'opinion universelle que l'on a conçue de sa sainteté, seul ressort capable de produire le grand mouvement qu'il vouloit imprimer à toute la nation. En lui une bienfaisance philosophique n'auroit pu se signaler que par des systèmes, des projets ou des livres. Il falloit qu'il donnât le ciel pour point d'appui à ce levier puissant, que sa charité destinoit à remuer la France entière. Il falloit que cet amour du bien, dont il vouloit animer son siècle, fût une charité surnaturelle qui prît ses racines dans la foi, pour en faire fructifier au centuple les germes sacrés, sur le sol fertile de la religion. Il falloit qu'il éprouvât et qu'il excitât toute l'énergie des principes et des sentiments religieux, pour s'associer cette multitude de chrétiens charitables qui lui fournirent d'autant plus de trésors, que la religion seule suggère à la bienfaisance combinée avec l'éternité, l'énergie et même les calculs de l'égoïsme. Ses établissements, si justement comptés parmi les merveilles de cette capitale, seront donc le triomphe éternel de la religion, qui seule peut en expliquer l'origine et la multitude, seule les a imaginés, seule les a dotés, seule les a maintenus sous sa garde tutélaire, comme le patrimoine inépuisable de l'humanité souffrante, en les marquant tous du signe sacré de la croix, qui est le grand sceau créateur et conservateur du christianisme.

Ses moyens sont dans la confiance universelle

qu'il inspire à ses contemporains, et qui le rend le canal de toutes les grandes aumônes, dans un siècle où le luxe n'a pas encore usurpé les sacrifices de la bienfaisance. Eh! qui auroit craint de confier ses bonnes œuvres à cet homme de la Providence, qui portoit la délicatesse jusqu'à sacrifier les intérêts mêmes des pauvres, plutôt que de les exposer à se montrer ingrats envers leurs bienfaiteurs? Les enfants d'un homme riche qui l'avoit choisi pour dépositaire de ses charités, tombent dans la misère. Vincent de Paul en est instruit. Il va les trouver et leur remet, comme un patrimoine qui leur appartient, un legs de huit mille livres de rente qu'il avoit reçu, depuis douze ans, de leur père. On lui demande s'il veut tout perdre en restituant des aumônes si nécessaires à ses établissements: *Oui, sans doute*, répond-il, *je veux tout perdre, volontiers tout, plutôt que la vertu de reconnoissance.*

Ses moyens sont dans l'empire de la persuasion avec laquelle cet apôtre de la Providence expose les besoins des pauvres aux grands de la terre, qui ne peuvent résister à ses pathétiques supplications. Quand il fonde *la Salpétrière*, il va solliciter la charité de la régente. Elle s'excuse sur le malheur des temps, et répond qu'il ne lui reste plus rien à donner. *Et vos diamants, madame*, lui dit-il, *en a-t-on besoin quand on est reine?* Anne d'Autriche détache ses diamants et les lui donne, en lui demandant le secret d'un tel sacrifice. *Non*, s'écrie Vincent de Paul, *je ne puis le garder : j'ai du bien à faire. Il faut, pour l'intérêt des pauvres, qu'un si grand exemple de charité soit connu de tout le royaume.*

Enfin ses moyens sont dans cette mémorable assemblée de charité que Vincent de Paul forme insensiblement, et entretient pendant vingt ans autour de lui, et qui présente encore à notre pieuse et reconnoissante admiration, l'un des spectacles les plus attendrissants que notre ministère puisse offrir aux âmes sensibles. C'est ici, mes frères, le plus fécond de ses moyens, et c'est son éloquence qui a créé cette sainte confédération en faveur de l'humanité. Vincent de Paul assemble donc toutes les semaines, dans son église de Saint-Lazare, les citoyens les plus opulents de la capitale, pour l'unir, par un généreux commerce de charité, à tout le royaume. L'objet de ces assemblées est de délibérer avec eux sur les besoins de Paris, comme sur les calamités des provinces, et de mettre dans un trésor commun l'immense superflu des plus grands propriétaires de l'État, pour subvenir aux misères publiques. Tous ceux qui veulent faire du bien aux hommes, *sectatores bonorum operum* (1), pontifes, princes, magistrats, riches de tous les rangs, viennent se ranger à ses côtés, *pour suivre*, disoit l'illustre premier président Mathieu Molé, *les mouvements d'un esprit si pur, comme les ordres de la Providence*. Je ne saurois donner place dans ce discours, à tant de noms immortels écrits dans le livre de vie. Mais je ne puis passer sous silence Anne d'Autriche, la reine de Pologne, la princesse de Conti, la duchesse d'Aiguillon, le général de Gondi, le maréchal Faber, la vertueuse veuve Le Gras née Marillac, que je cite avec honneur au milieu de tous ces grands noms, et qui devint la première supérieure des filles de la Charité, dont elle prit l'habit, après avoir déposé seule dans les mains de Vincent de Paul plus de deux millions d'aumônes.

A la tête de ces protecteurs de l'humanité souffrante, je vois un homme qui a reçu du ciel le don de l'élocution, et la sensibilité la

(1) *Epist. B. Pauli ad Timoth.*, cap. 10, vers. 14.

plus profonde, éloquent à force d'âme et de vertu, fécond en pensées du cœur, et par là même également sublime et populaire dans ses discours, doué du plus rare courage d'esprit, de la conception des grandes entreprises et de la patience des plus petits détails, d'une imagination hardie et d'un jugement sage, d'une prudence consommée pour discerner l'à-propos des moments opportuns, saisir le point de maturité des projets utiles, et s'attacher aux établissements durables, enfin d'un zèle ardent et inébranlable, d'un attrait de persuasion qui rallie toutes les opinions à ses sentiments, et du talent plus heureux encore et plus rare, d'embraser les cœurs du feu divin, dont il est consumé lui-même. Cet homme anime tout, propose les bonnes œuvres, discute les moyens, indique les ressources, écarte les obstacles, correspond à la fois avec le gouvernement, avec les riches, avec les malheureux. Son regard embrasse toutes les provinces; il veille sans cesse pour la patrie; il est présent à toutes les calamités; il atteint tous les malheurs par sa bienfaisance; il transporte par son éloquence tous ses auditeurs, au milieu des désastres publics; il les entraîne dans ce tourbillon de charité qui l'environne, les pénètre de terreur, les fait fondre en larmes, les oppresse de sanglots, leur ôte leur âme pour leur donner la sienne; et cet homme de la Providence est Vincent de Paul, qui, du milieu de son assemblée de charité, semble dire, comme le Fils de Dieu, d'une voix qui est entendue jusqu'aux extrémités du royaume : *Venez à moi, ô vous tous qui souffrez, et je vous soulagerai* (1). Voilà ses moyens, voilà ses prodiges !

Vous regarderiez peut-être, mes frères, cette fidèle peinture comme un tableau d'imagination, si nous ne vous présentions dans ce moment un exemple de ces assemblées de charité dont Vincent de Paul fut l'unique moteur. Mais, hélas! faut-il, pour vous rappeler l'un des plus beaux traits de sa vie, révéler l'un des plus énormes scandales de l'humanité? On exposoit, dans les places publiques de cette capitale, les enfants abandonnés en naissant ; et les pauvres les achetoient à vil prix, comme des instruments de pitié, pour exciter la commisération publique. Il faut oser le dire, le sort de

---

(1) *Venite ad me, omnes qui laboratis et onerati estis, et ego reficiam vos.* Ev. s. Matthæi, cap. 11, vers. 28.

ces innocentes créatures n'avoit pas encore fixé les regards du gouvernement, depuis la fondation de la monarchie. Il falloit qu'un pauvre prêtre vînt parmi nous leur servir de père, donner sa charité pour contre-poids à cet immense fardeau de la débauche, et réintégrer dans les droits de la nature tous ces enfants sans famille, recueillis trop tard dans le sein maternel de la religion. Les anciens législateurs avoient cru leur assurer une protection suffisante, en permettant de les élever à titre d'esclaves; comme si l'on n'avoit pu leur conserver la vie, qu'en les privant de la liberté dans leur propre patrie! Voyons donc, mes frères, si le zèle sacerdotal sera ici plus secourable que le pouvoir souverain.

Au retour d'une de ses missions, Vincent de Paul, que j'oserois presque nommer l'ange visible de la Providence, trouve, sous les murs de Paris, un de ces enfants entre les mains d'un mendiant, occupé à déformer ses membres (1).

---

(1) Septième mémoire, troisième recueil des actes pour la canonisation : « Un mendiant qui vient de dépecer un enfant prêt à expirer, et dont il vouloit se « servir pour demander l'aumône. »

Saisi d'horreur, il accourt avec l'intrépide confiance de la vertu, qui en impose toujours au crime : *Eh! barbare*, s'écrie-t-il, *vous m'avez bien trompé; je vous avois pris de loin pour un homme!* Il lui arrache sa victime, l'emporte dans ses bras, traverse Paris en invoquant la commisération publique, assemble la foule autour de lui, raconte ce qu'il vient de voir, appelle la religion au secours de la nature, et, entouré de ce peuple frémissant qui le suit sans pénétrer son projet, il se rend dans la rue Saint-Landry, où l'on entassait ces malheureuses victimes. Là, ce père des orphelins donne l'exemple : il en ramasse douze qu'il met à part, et les bénit en déclarant qu'il se charge de les nourrir; et c'est là sa première allocution en faveur de ces infortunés. Aussitôt il appelle ses fidèles coopératrices, expose le pressant besoin de sauver ces enfants, et ils sont secourus. Mais le nombre en augmente au point que la charité se décourage, et qu'elle est prête à se rebuter. Toutes ces grandes âmes, qui l'ont si généreusement secondé jusqu'alors, viennent lui déclarer qu'il faut absolument renoncer à cette œuvre de miséricorde; mais, quand tout semble l'abandonner, sa foi en la

Providence lui reste; il regarde amoureusement le ciel, d'où le désespoir ne descendit jamais dans son cœur. C'est précisément parce qu'il est repoussé de toutes parts, *que le tour du bon Dieu est enfin venu*, dit-il, *que la Providence va s'en mêler*, et qu'il espère, ou plutôt, pour parler comme David, qui a employé cinq fois une expression bien plus rassurante dans un de ses psaumes, qu'il *surespère* dans le Seigneur, *in verbum tuum supersperavi* (1).

Rien ne le seconde et rien ne l'abat dans les solitaires frayeurs de ses conceptions charitables. Nous l'avons vu seul, ailleurs, contre l'opinion publique de la capitale; le voici seul maintenant, au milieu de tant d'orphelins, contre la mort, à qui cette précoce et immense proie semble assurée. Tous les dangers de ces pauvres enfants pèsent sur son cœur, et sa charité les lui rend personnels. Il éprouve, à leur aspect, cette commisération, ou plutôt cette communauté de souffrance qui faisoit dire à l'apôtre saint Paul : *Quis infirmatur, et ego non infirmor* (2)? La pitié qui l'émeut le transforme en

---

(1) *Voyez*, à la fin du Panégyrique, la note n° 11.

(2) *Corinth.*, cap. 11, vers. 29.

un homme nouveau, à qui l'urgence du besoin et du péril ne permet plus de condescendre, comme autrefois, aux expédients dilatoires. Ce n'est plus ce promoteur patient du bien public, auparavant si timide et si modéré devant les difficultés qu'on opposoit à ses fondations charitables; c'est l'ange impétueux de la miséricorde, qui s'élance au milieu des contradictions pour lutter contre la pusillanimité des riches, en les entourant d'une immensité de berceaux prêts à devenir des cercueils. Dieu lui a donné, comme au prophète Isaïe, *une langue savante pour sustenter, par la puissance de la parole, toutes ces créatures expirantes* (1). *Encore un jour*, dit-il à ces femmes timides qui ont trop peu de foi, *je ne vous demande plus qu'un seul jour; la Providence nous suggèrera quelque résolution salutaire* (2).

Il dit, et il convoque pour le lendemain une assemblée extraordinaire. Il fait placer dans le

---

(1) *Dominus dedit mihi linguam eruditam, ut sciam sustentare verbo eum qui lassus est.* Isaiæ, cap. 50, vers. 4.

(2) *Septième mémoire du troisième recueil des actes pour la canonisation.*

sanctuaire, entre les bras des filles de la Charité, cinq cents de ces pauvres enfants dont il veut faire entendre les cris et plaider la cause pour la dernière fois, monte en chaire, chargé du plus touchant intérêt qu'un orateur ait jamais défendu, et le cœur oppressé de cette charité, qui égaloit dans son âme toute l'énergie de l'amour maternel. Vous allez ici l'entendre lui-même, mes frères. Il va mêler ses sanglots à leurs vagissements. Il veut exciter et recueillir rapidement, parmi ses auditeurs, ces élans irrésistibles de charité, ces premiers mouvements de commisération qui sont toujours nobles et généreux ; et, s'adressant aussitôt à ce sexe compatissant qui l'environne, il lui parle en ces mots, auxquels je me garderai bien, mes frères, de rien changer :

« Or sus, mesdames, vous avez adopté ces en-
« fants; vous êtes devenues leurs mères selon
« la grâce, depuis que leurs mères selon la na-
« ture les ont abandonnés. Voyez si vous voulez
« aussi les abandonner pour toujours. Cessez,
« dans ce moment, d'être leurs mères pour de-
« venir leurs juges. Leur vie et leur mort sont
« entre vos mains. Je m'en vais prendre les
« voix et les suffrages. Il est temps que vous

« prononciez leur arrêt. Les voilà devant vous. « Ils vivront, si vous continuez d'en prendre un « soin charitable, et ils mourront tous demain, « si vous les délaissez. »

L'éloquence ne nous offre point de plus sublime mouvement; mais aussi n'a-t-elle jamais obtenu de plus beau triomphe. On ne répond à Vincent de Paul que par des pleurs et des cris de miséricorde. Dans cette même assemblée, où l'on est venu avec la résolution d'abandonner pour toujours les enfants trouvés, la fondation de leur hôpital, votée par acclamation, reçoit immédiatement, pour première dotation, quarante mille livres de rente; et cet exemple d'humanité est aussitôt imité dans tout le royaume et dans l'Europe entière.

Eh! infortunés enfants, foible troupeau, déplorables restes d'une si innombrable multitude, vous dont la vie est un miracle de la Providence, et un bienfait continuel du héros de la charité, pauvres enfants, orphelins de naissance, où êtes-vous? Mon cœur vous cherche dans ce temple, comme les plus éloquents témoins de la gloire de saint Vincent de Paul. Je voudrois, dans ce moment, vous voir réunis en foule autour de moi, comme vous l'étiez autour de lui, le jour où il assura si glorieusement votre subsistance, et proclamer, au milieu de vos bénédictions, le protecteur immortel de l'enfance abandonnée. Hélas! si vous retrouviez l'inconnu qui vous donna le jour, et si vous l'entendiez, pour la première fois, vous appeler du doux nom de fils, vos cœurs émus palpiteroient aussitôt sous ses mains paternelles. Eh bien! enfants de la Providence, voilà votre père sur nos autels. Ce n'est pas seulement votre culte que vous lui devez, c'est toute la tendresse de la piété filiale. Ah! où êtes-vous? Parlez à ma place, parlez. Votre langue innocente le louera plus éloquemment que mes paroles : elle bégaiera ce nom chéri, et achèvera dignement son éloge. *Ex ore infantium et lactentium perfecisti laudem* (1). Mais, que dis-je? Non, ce n'est point un homme qu'il faut louer : c'est à Dieu seul qu'appartiennent ici la louange et le tribut de nos actions de grâces, pour le présent inestimable qu'il a fait à la France, en lui donnant un berger, un esclave, un pauvre prêtre qui a conçu et exécuté un si vaste dessein

---

(1) *Psalm.* 8, vers. 3.

de miséricorde : *Gratias Deo super inenarrabili dono ejus* (1).

Hélas! ce don si précieux de la Providence va nous être enlevé. Le père des pauvres va hériter dans le ciel de tout le bien qu'il leur a fait sur la terre. Mais, que vois-je? sa bienfaisance lui survit. Il assiste encore les malheureux du fond de sa tombe; et, selon l'expression de l'apôtre, il parle encore après sa mort. *Defunctus adhùc loquitur* (2). Son assemblée de charité se réunit autour de son cercueil. Le mouvement qu'il a imprimé à toutes ces âmes compatissantes subsiste encore, et semble emprunter de nouvelles forces de la douleur et des regrets dont tous les cœurs sont pénétrés. A la fin de ses obsèques, la princesse de Conti leur rappelle que cet homme vertueux n'a pas eu le temps de consommer le projet qu'il avoit formé d'ouvrir, dans cette capitale, un asile aux enfants orphelins des pauvres artisans, et leur demande si elles veulent lui laisser ce regret au-delà du tombeau, *regret*, dit-elle bien éloquemment, *capable d'empoisonner pour lui tout*

(1) *Ep.* 2 *B. Pauli ad Cor.* c. 9, vers. 15.

(2) *Ep. B. Pauli ad Hebr.* c. 11, vers. 4.

le bonheur du ciel (1). A ces mots, sans délibérer, toutes décident, d'une voix unanime, qu'il faut lui rendre cet hommage. L'acte de fondation de l'hôpital des orphelins est rédigé sur sa tombe, comme la plus digne oraison funèbre de Vincent de Paul ; et c'est ainsi qu'achève de s'accomplir l'oracle de l'apôtre : *Erit vas in honorem, utile Domino, ad omne opus bonum paratum.*

Tous les contemporains de Vincent de Paul le louent et le bénissent à l'envi, lorsqu'à l'âge de quatre-vingt-cinq ans (2), précédé d'une longue vie sans tache, et du trésor immense de ses bonnes œuvres, il va recevoir des mains du juge suprême la couronne de justice. Et quelle couronne ! O mon Dieu ! quand vous promettiez, dans votre amour, de ne pas laisser sans récompense un seul verre d'eau froide, présenté en votre nom à un malheureux, quelle félicité, quel *poids éternel de gloire* (3) réser-

---

(1) *Neuvième mémoire, quatrième recueil des actes pour la canonisation.*

(2) *Voyez*, à la fin du Panégyrique, la note n° 12.

(3) *Æternum gloriæ pondus.* Epist. B. Pauli ad Corinth. 2, cap. 4, vers. 17.

viez-vous donc, dans votre reconnoissance toute-puissante, à tant d'œuvres éclatantes de miséricorde ? Le voilà devant vous, ce bienfaiteur de vos enfants, cet homme que vous avez si admirablement créé à votre ressemblance, ce digne héritier de vos promesses, ce riche créancier de votre trésor céleste, qui dans vos membres vivants vous a vêtu, vous a nourri, vous a ouvert, jusqu'à la consommation des siècles sans doute, un si grand nombre d'asiles dans ce royaume; cet homme enfin qui, à l'exemple du Sauveur du monde, a dû subir lui-même les épreuves les plus terribles, et partager d'abord, selon la doctrine de saint Paul, tous les maux de ses frères, pour s'exercer, par sa propre expérience, à une compatissante miséricorde! *Debuit per omnia fratribus similari, ut misericors fieret* (1).

Mais, s'il n'est pas donné à notre intelligence de comprendre quel est le degré de félicité dont jouit Vincent de Paul dans le ciel, nous pouvons apprécier du moins les hommages que ses vertus lui ont mérités sur la terre.

Déjà, en lui confiant le gouvernement de ses

---

(1) *Epist. ad Hebr.* cap. 2, vers. 17.

monastères de la Visitation, qu'il administra pendant quarante ans, saint François de Sales avoit déclaré *qu'il ne connoissoit pas dans l'Église de Dieu un prêtre plus sage et plus saint que Vincent de Paul.* Déjà le cardinal de Richelieu, qui n'honoroit aisément personne de sa jalousie, lui avoit dit en présence de toute la cour : *Il n'est personne ici qui porte autant d'envie à mon crédit que j'en porte à votre vertu.* Déjà le grand Condé étoit venu féliciter publiquement la régente, de lui avoir confié la nomination des dignités ecclésiastiques (1). Déjà, quand il fit reconstruire l'église cathédrale de Dax, sa patrie, le chapitre de cette ville, persuadé d'avance, plus de dix ans avant sa mort, de sa canonisation future, avoit délibéré, par un acte public, de réserver dans l'enceinte du nouveau temple un espace libre, pour en former dans la suite une chapelle en l'honneur de Vincent de Paul, et ce monument lui a été érigé.

Quarante-cinq ans après sa mort, il s'élève un cri universel d'amour et de reconnoissance, pour lui décerner des autels. Le premier prince de Conti avoit donné le signal à l'Europe, en

(4) *Voyez*, à la fin du Panégyrique, la note n° 13.

s'écriant, au milieu de ses funérailles, *que la France et la religion venoient de perdre un grand homme qui possédoit toutes les vertus.* A la tête de neuf souverains, Louis XIV demande sa canonisation, et la sollicite, *comme utile à toute l'Église*, dit-il, *et glorieuse à ses États.* Louis XV, en l'obtenant, se hâte de célébrer l'action la plus héroïque de Vincent de Paul, en ordonnant au chancelier d'Aguesseau de briser à Marseille les fers de douze forçats, condamnés aux galères perpétuelles (1). Le premier président de Lamoignon, l'honneur immortel du sénat françois, ce magistrat qui, selon le témoignage sublime de Bourdaloue, *s'ensevelit dans la bénédiction des peuples* (2), dépose que Vincent de Paul *s'est signalé par une sagesse et par une charité dignes des apôtres*, *et que, dans les grandes affaires, les premiers génies du siècle ne le trouvèrent jamais au-dessous d'eux.* Le parlement et l'Hôtel-de-Ville de Paris ajoutent aux plus glorieux éloges, que cette capitale renferme trente-cinq établisse-

(1) Onzième et dernier mémoire des pièces du quatrième recueil des actes relatifs à la canonisation.

(2) Vol. 2 des panégyriques.

ments publics, créés ou restaurés par son zèle. Bossuet écrit au souverain pontife qu'il se souvient encore, à l'âge de soixante-douze ans, *qu'en assistant dans sa jeunesse aux instructions de Vincent de Paul, son premier maître, il se sentoit tellement ému, qu'il croyoit entendre parler Dieu lui-même.* Quel disciple, mes frères! quel juge et quel hommage! Fénélon, Fléchier, plus de quatre-vingts évêques adressent à Rome les mêmes témoignages et les mêmes instances (1). Tous les partis se réunissent en son honneur. Les généraux d'ordre, et spécialement de saint Dominique, de l'oratoire, de la doctrine chrétienne, des congrégations de Sainte-Geneviève et de Saint-Maur, conjurent le chef de l'Église d'inscrire son nom dans les diptyques des saints. Le peuple ne le loue pas; mais il l'invoque. Trois assemblées du clergé, présidées par le cardinal de Noailles, déclarent au pape *qu'il n'est plus possible de contenir la piété des fidèles, qui lui décerne un culte public.*

Vincent de Paul est ainsi porté sur nos autels, par les mains de tous ces grands hommes. Je crois vous voir tous dans ce moment, mes frères,

(2) *Voyez*, à la fin du Panégyrique, la note n° 14.

tendre aussi les vôtres pour l'y élever vous-mêmes. Rome livre à l'impression ce recueil d'éloges, pour ainsi dire juridiques, où brille toute la splendeur d'une si belle vie. Tout concourt à rehausser le triomphe de la cause : le cardinal de Polignac en fait le rapport ; Benoît XIV, cet immortel Prosper Lambertini, si lumineux et si classique en cette matière, est alors promoteur de la foi ; et ce juge redoutable de l'opinion devient lui-même le plus ardent zélateur de son culte.

Au-dessus de ces témoignages, il ne reste plus sans doute que celui d'un ange. Je me trompe, mes frères. Il en est encore un plus éloquent peut-être : c'est celui d'un homme, d'un vieillard, d'un forçat, qui avoit vu Vincent de Paul sur les galères, et qui, interrogé dans l'hôpital de Marseille, sur les vertus de ce saint prêtre, répondit avec surprise : *Quoi ! vous voulez le faire canoniser? Oh ! je l'ai bien connu. Il ne le souffrira jamais : il étoit trop humble* (1). Le ciel entendit ce défi sublime. Le souverain pontife fit fumer l'encens devant l'i-

---

(1) *Cinquième mémoire du premier recueil des actes pour la canonisation.*

mage du héros de la charité, et la religion reconnoissante lui rendit ainsi toute la gloire qu'elle en avoit reçue (1).

Il reste donc encore de l'équité sur la terre! Il reste donc encore des cœurs reconnoissants envers les bienfaiteurs de l'humanité! Ah! que notre patrie et notre siècle s'honorent à jamais de ce concert solennel de justice! Mais que dis-je? Est-ce donc à nous, mes frères, à nous approprier cette gloire? Ingrate postérité d'une génération plus équitable, nous n'avons pas partagé ces transports de reconnoissance; nous n'avons pas répété ces cris d'admiration et d'amour. A peine ce même peuple a-t-il montré tant d'enthousiasme pour Vincent de Paul, qu'il a laissé tomber son nom dans l'oubli. Oh! s'il m'étoit permis, dans cette solennité, de mêler des regrets amers à des souvenirs si doux, je me plaindrois de ce qu'à la même époque où vivoit Vincent de Paul, la renommée a fait entendre toutes ses voix, pour exalter des hommes beaucoup moins dignes de l'admiration publi-

(1) Vincent de Paul avoit été béatifié par Benoît XIII le 13 août 1727 : il fut canonisé par Clément XII le 16 juin 1737.

que, tandis qu'aucune bouche éloquente ne s'est encore ouverte pour célébrer le meilleur citoyen de la France. Je me plaindrois de ce que le François qui a rendu les plus grands services à la nation, n'est presque plus connu aujourd'hui dans son ingrate patrie; de ce que la classe même des malheureux, qui lui doit tant de reconnoissance, n'en a pas conservé une longue mémoire; de ce qu'il ne jouit point parmi nous, comme Henri IV, d'une réputation populaire; de ce que j'étonne une partie de cette assemblée, en racontant des faits si récents et si sublimes. Je me plaindrois enfin de voir si peu répandu dans la capitale un culte qui devroit y être dominant, et spécialement cher aux amis de la religion et de l'humanité; et, en gémissant d'un tel excès d'injustice et d'ingratitude, je m'écrierois : Folie de l'opinion, gloire humaine, réponds-moi : quels sont donc les hommes que tu célèbres, et quels sont ceux que tu oublies ?

Mais, je me trompe, mes frères; la nation n'est point coupable. Comment les grands écrivains du siècle de Louis XIV ont-ils pu voir tant de monuments nécessaires s'élever autour d'eux, une police tutélaire s'établir dans Paris, la bienfaisance inouïe d'un homme rivaliser avec la Providence, sans signaler un tel phénomène du génie de la charité, sans participer à cette gloire en la célébrant, sans proférer dans leurs écrits le nom du citoyen auquel sont dus tant de prodiges (1)? Hélas! faut-il donc que la cendre des grands hommes soit froide depuis un siècle, pour que la voix de la vérité et de la justice se fasse entendre? O Fénélon! Fénélon! toi qui lui rendis un si glorieux témoignage en sollicitant sa canonisation, toi dont la persuasive éloquence étoit si digne de le louer, tu atteignois à peine ton second lustre, quand il descendit dans la tombe. Ah! si tu avois été le témoin de ses créations charitables, ton âme auroit senti la sienne, ta voix se seroit fait entendre au milieu du silence de l'ingratitude, et ton vertueux génie eût acquitté la dette de tes concitoyens.

Mais, pardon! murs sacrés de ce temple, pardon! Vous me désavoueriez au nom de Vincent de Paul lui-même, si j'attachois un trop haut prix à cette gloire, souvent trompeuse quand on la désire, plus trompeuse encore quand on l'obtient, en terminant l'éloge d'un saint, qui, en

(1) *Voyez*, à la fin du Panégyrique, la note n° 15.

rapport avec Dieu seul, ne chercha jamais les regards des hommes dans ses bonnes œuvres. Et pourquoi donc regretterois-je pour lui cette fumée de réputation? Il avoit placé plus haut ses espérances, en confiant ses vertus à une religion qui, après l'avoir couronné dans le ciel, est venue lui ériger des autels dans nos temples. Elle se glorifiera éternellement d'avoir donné au monde le fils d'un laboureur, auquel on ne peut opposer aucun rival de bienfaisance, parmi tous les disciples du Portique ou du Lycée. Il faut qu'au récit de tant d'œuvres de miséricorde, l'incrédulité confuse et humiliée rende hommage au christianisme. C'est à la religion de Jésus-Christ qu'appartient ce grand homme : c'est de l'école de Jésus-Christ qu'est sorti le plus magnifique bienfaiteur de l'humanité : c'est l'esprit de Jésus-Christ qui a créé toutes ces merveilles, sans cesse présentes à nos yeux, pour l'honneur immortel de la charité chrétienne; et c'est au pied de la croix de Jésus-Christ, que nous déposons tous ces titres de gloire, fondés sur la reconnoissance du genre humain.

O Vincent de Paul! grand homme! grand saint! chérissez à jamais la nation qui vous a vu naître, en faveur du zèle que nos souverains ont toujours montré pour votre gloire. Je vois sur le trône des Bourbons une succession non interrompue d'amour et de vénération pour vous. Henri IV voulut vous élever à l'épiscopat. Louis XIII vous fit confier la nomination des prélatures. Louis XIV demanda votre canonisation. Louis XV la poursuivit, l'obtint, la consacra par un acte solennel de clémence; et le digne successeur de tant de bons rois, Louis XVI, vous érige aujourd'hui une statue dans son palais (1). Votre éloge est une réparation publique et trop différée, que nous devons à votre mémoire, ou plutôt, c'est une amende honorable que nous lui offrons en ce jour, au nom de la France, au nom de notre siècle, au nom même de tous les siècles futurs. C'en est fait, le jour de la justice est enfin arrivé pour vous : aujourd'hui finit notre ingratitude ; aujourd'hui un souvenir universel et reconnoissant va se réveiller, au sortir de ce temple, devant vos institutions charitables. Depuis plus d'un siècle, les pierres de cette cité ne cessoient de parler de vos établissements publics, et aujourd'hui seulement notre indifférence étonnée va com-

---

(1) *Voyez*, à la fin du Panégyrique, la note n° 16.

prendre enfin leur langue éloquente. Non, non, la religion, qui seule a été équitable envers vous jusqu'à ce moment, n'aura pas appelé en vain nos regards sur l'auteur de tant de merveilles, qui nous environnent et nous accusent. A la vue de ces vastes hôpitaux que vous avez créés, de ces hospices de tout genre que vous avez ouverts aux misères humaines, de cet asile de l'enfance abandonnée, temple cher et sacré d'une charité vraiment maternelle, où la religion remplace la nature, et où chaque berceau est pour vous un autel ; enfin à la vue de ces infatigables servantes des pauvres, que nous rencontrons de toutes parts, comme autant d'anges visibles de la Providence, dont elles distribuent les miracles journaliers aux malheureux ; tous ces spectacles, auparavant muets pour la multitude, exciteront dans tous les cœurs le plus grand intérêt. Les rues et les places publiques de cette capitale prendront ainsi tout à coup un nouvel aspect, et seront pour nous un cours instructif et touchant de morale et de bienfaisance, où nous retrouverons à chaque pas, avec l'histoire de la charité en monuments augustes, votre belle vie en action, votre éloge en bénédictions universelles, et vos plus magnifiques titres de gloire en fondations dignes de la Providence, qui nous montreront, d'édifice en édifice, quels biens immenses peut opérer, dans un grand État, la féconde alliance de la religion avec l'humanité. Nous n'aurons donc plus à rougir d'ignorer le nom de l'homme prodigieux à qui la société doit tant de bienfaits; et peut-être en le proclamant avec amour, admiration et reconnoissance, ferons-nous assez envier l'hommage de notre culte et de nos pleurs aux âmes généreuses, pour lui créer parmi nous, de siècle en siècle, des imitateurs et des émules.

Oui, grand saint, héros immortel de la charité, père commun des malheureux, je l'annonce avec confiance au pied de vos autels : la sensibilité de la nation me répond de votre renommée. Tous les François qui naîtront dans les âges suivants, avertis désormais de la reconnoissance que vous doit cet empire, ne proféreront plus votre nom chéri sans répandre des larmes. J'entends déjà les bénédictions de la postérité autour de vos statues, et bientôt l'enthousiasme de vos panégyristes deviendra l'opinion publique. Influez donc à jamais, par votre intercession dans le ciel, sur le bonheur du peuple françois que vous avez tant aimé durant votre vie. Montrez-vous encore, après votre mort, l'ange tutélaire de la Providence. Protégez, du haut des demeures éternelles, les établissements que vous avez formés, et qui sont si nécessaires dans un empire où l'esprit public est si rare. Suscitez-vous, par votre crédit auprès de Dieu, des successeurs qui vous fassent revivre. Allumez dans nos âmes une étincelle de cette charité dont vous fûtes embrasé. Prêtez-nous cette voix qui pénétroit dans le cœur du riche endurci, pour y porter la commisération; qui répétoit dans les palais des rois les gémissements de la misère abandonnée; qui appeloit autour de vous tous les hommes sensibles et compatissants, et rendoit la Providence visible et agissante dans toute l'étendue de la France; afin qu'après avoir rempli, à votre exemple, chacun dans notre état, la mesure du bien que nous pouvons opérer en faveur des malheureux, nous allions en partager avec vous la récompense dans le sein de l'éternelle miséricorde. Ainsi soit-il!

FIN DU PANÉGYRIQUE DE S. VINCENT DE PAUL.

AVERTISSEMENT.

Pour rendre, autant qu'il est en mon pouvoir, cet éloge oratoire, aussi riche en faits qu'un éloge historique, j'y ajoute les notes suivantes, où j'ai réuni les détails et les développements que je ne pouvois insérer dans le discours.

NOTES
DU PANÉGYRIQUE
DE
SAINT VINCENT DE PAUL.

Note n° 1, page 8.

« La maison où naquit Vincent de Paul, fut changée « en une chapelle rurale que la révolution a respectée. « On y voit deux tableaux dont l'un représente la mère « du saint dans son lit, et à côté son bienheureux nour- « risson dans un berceau. Le second tableau représente « saint Vincent de Paul, à l'âge de sept à huit ans, « occupé à garder les moutons. Le buste du saint est « placé sur l'autel. Près de cette chapelle se trouve un « chêne antique, à l'ombre duquel la tradition du « pays nous apprend que le jeune berger aimoit à se re- « poser. » (Mémoires pour servir à l'histoire de la religion vers la fin du dix-huitième siècle.)

Note n° 2, page 20.

Voici l'origine de l'institut des filles de la Charité.

« Durant les six mois de sa vie pastorale à Châtillon- « sur-Loing, Vincent de Paul étant un jour de fête « prêt à monter en chaire, madame de La Chassaigne, sa

« paroissienne, l'arrêta un moment, et le pria de re-
« commander à la charité publique une famille très-
« pauvre, dont la plupart des enfants étoient tombés
« malades, dans une ferme éloignée d'une demi-lieue
« de la ville. Il parla en sa faveur avec cette onction
« qui lui étoit naturelle, et qui sembloit redoubler quand
« il s'agissoit des misérables. Il établit avec beaucoup de
« force la nécessité de secourir les pauvres, surtout
« quand la maladie aggrave l'indigence, et qu'ils sont
« hors d'état de pourvoir à leurs besoins.

« Dieu donna tant de poids à ses paroles, qu'après
« sa prédication un grand nombre de ses auditeurs alla
« visiter ces pauvres gens. Personne n'y vint les mains
« vides. Les uns leur portèrent du pain, les autres du
« vin, de la viande. Vincent y alla lui-même après l'of-
« fice avec quelques-uns de ses paroissiens. Il fut surpris
« de rencontrer sur le chemin tant de personnes qui re-
« venoient par troupes, et il loua leur zèle ; mais il ne
« le trouva pas assez sage. *Voilà*, dit-il, *une grande*
« *charité qui auroit pu être mieux réglée. Ces malades*
« *auront trop de provisions à la fois. Cette abondance*
« *même en rendra une partie inutile. Celles qui ne se-*
« *ront pas consommées sur-le-champ se gâteront, et*
« *seront perdues. Ces malheureux retomberont bientôt*
« *dans leur première nécessité.*

« Cette première réflexion porta Vincent, qui avoit
« un esprit d'ordre, à examiner par quel moyen on
« pourroit secourir plus utilement, avec les mêmes se-
« cours, non-seulement cette famille, mais encore toutes

« les autres qui se trouveroient dans la même position. « Il en conféra avec quelques femmes de sa paroisse, « qui avoient du bien et de la piété. On convint des « mesures qu'il falloit prendre. Chacun voulut avoir « part à cette bonne œuvre. Pour profiter de ces heu- « reuses dispositions, il dressa un projet de réglement « dont il voulut qu'on fît l'essai, avant de le faire ap- « prouver par l'autorité ecclésiastique. Il étoit persuadé « que tout homme sage doit ajuster ses idées à l'expé- « rience. Il y soumit le réglement de l'association qu'on « appela dès-lors *la confrérie de la Charité pour les* « *malades*. Ce réglement se trouva si parfait qu'il de- « vint la règle des *filles de la Charité*, dont le premier « établissement à Paris, fut dans la paroisse du Sau- « veur, d'où elle se répandit rapidement dans toutes « les paroisses de la capitale. » (*Vie* par Collet, tom 1, liv. 1.)

NOTE n° 3, page 24.

Dans une lettre écrite par Vincent de Paul, pour inspirer à un des siens l'esprit de douceur et de charité, on lit ces paroles : « S'il a plu à Dieu de se servir du plus mi- « sérable des hommes pour la conversion de quelques « hérétiques, ils ont avoué eux-mêmes que c'étoit « par la patience et la cordialité qu'il avoit eue pour « eux. *Les forçats mêmes, avec lesquels j'ai demeuré,* « ne se gagnent pas autrement. Lorsque j'ai baisé leurs « chaînes, compati à leurs douleurs, et témoigné de l'af- « fliction pour leurs disgrâces, c'est alors qu'ils m'ont

« écouté, qu'ils ont donné gloire à Dieu, qu'ils se sont « mis en état de salut. » (*Vie* par Collet, tome 2, page 187.)

Note n° 4, page 27.

Voici un extrait des preuves historiques et juridiques sur lesquelles s'établit le dévouement de saint Vincent de Paul sur les galères de Marseille. Ses deux historiens sont en parfait accord sur cet acte héroïque de sa charité. Abelli, évêque de Rodez, son disciple, et son commensal pendant vingt-cinq années consécutives, s'exprime en ces termes dans la *vie de Vincent de Paul*, édition in-4° chez Lambert, à Paris, 1664, livre III, chapitre XI, page 114 *.

* *Ex processu inform. et compulsato.* Par. 2.

« Addendum vitam servi Dei fuisse scriptam quatuor annis post ejus « obitum, scilicet anno 1644; auctorem esse dignitate, pietate et doc- « trinâ notum et conspicuum, et testem de visu quoad multa. Scripsit, « non in angulo, sed Lutetiæ Parisiorum, ubi innumeri propemodùm « erant homines qui servi Dei familiariter usi fuerant. Nemo tamen ab « illius auctore de servo Dei scriptis unquàm contradixit.

« *Thomas Montecatinus*, advocatus.

« *Revisa*,

« *Joannes Zuccherinius*, sub-promotor fidei. »

Bien plus, dans une lettre adressée au pape, le 19 juillet 1706, par le prévôt des marchands et les échevins de la ville de Paris, on lit ce beau témoignage rendu à la véracité de son premier historien : « Feu « M. Abelli, évêque de Rodez, et un de nos plus illustres compatriotes, « a publié la vie de ce grand homme, qui n'a rien moins pour garant « de son exactitude et de sa fidélité, qu'un grand nombre de personnes « de toute distinction, qui, vivant encore parmi nous, en confirment « la notoriété publique, que nous devons attester à votre sainteté. » (*Vie de saint Vincent de Paul*, par Collet, tom. II, Recueils de lettres.)

« Voici un autre exemple de sa charité, d'autant plus « remarquable qu'il est plus rare. Vincent, long-temps « avant l'institution de sa congrégation, fit une action de « charité, toute pareille à celle qui est rapportée de « saint Paulin, lequel se vendit lui-même, pour ra- « cheter de l'esclavage le fils d'une pauvre veuve; car « ayant un jour trouvé sur les galères un forçat qui « avoit été contraint par ce malheur d'abandonner sa « femme et ses enfants dans une grande pauvreté, il « fut tellement touché de compassion du misérable état « où ils étoient réduits, qu'il se résolut de chercher et « d'employer tous les moyens qu'il pourroit pour les « consoler et soulager. Et, comme il n'en voyoit aucun, « il fut intérieurement poussé, par un mouvement ex- « traordinaire de charité, de se mettre lui-même à la « place de ce pauvre homme, pour lui donner moyen, « en le tirant de cette captivité, d'aller assister sa fa- « mille affligée. Il fit donc en sorte, par les adresses que « sa charité lui suggéra, de faire agréer cet échange à « ceux de qui cette affaire dépendoit; et s'étant mis vo- « lontairement dans cet état de captivité, il y fut atta- « ché de la même chaîne de ce pauvre homme duquel « il avoit procuré la liberté; mais, au bout de quelque « temps, la vertu singulière de ce charitable libérateur « ayant été reconnue dans cette rude épreuve, il en fut « retiré. Plusieurs ont pensé depuis, non sans apparence « de vérité, que l'enflure de ses pieds lui étoit venue « du poids et de l'incommodité de cette chaîne que l'on « attache aux pieds des forçats; et un prêtre de sa con-

« grégation ayant pris de là un jour occasion de lui « demander si ce qu'on disoit de lui étoit véritable, « qu'il s'étoit mis autrefois en la place d'un forçat, IL « DÉTOURNA CE DISCOURS EN SOURIANT, SANS DONNER AUCUNE « RÉPONSE A SA DEMANDE. »

Collet, prêtre et théologien très connu de la congrégation de la mission, écrivit la vie de saint Vincent de Paul, en deux volumes in-4°, près d'un siècle après la publication de la même histoire par Abelli. Il en composa lui-même l'abrégé en un volume in-12. Enfin on trouve dans le recueil de ses sermons un panégyrique de ce grand homme. Or, dans ces trois ouvrages, il raconte, discute et célèbre l'héroïsme de son dévouement sur les galères : il en cite les preuves, et réfute les objections qui pourroient en affoiblir la certitude. Je vais transcrire tous ces témoignages, en y ajoutant de nouvelles autorités. On verra s'il a été séduit par une aveugle crédulité, ou s'il a justifié son assertion, selon toutes les règles d'une saine critique, en adoptant le récit généralement admis du premier historien que je viens de citer.

Voici donc l'exposition raisonnée de ce sacrifice héroïque, telle que je la trouve dans le tome I, livre II, page 101, édition de Nancy, en 1748.

« Il paroît par ce que nous allons dire, que Vincent « de Paul ne voulut pas se faire connoître en arrivant « à Marseille. Il avoit des raisons pour garder l'*inco-* « *gnito*, et peut-être que la Providence avoit aussi les « siennes. En effet, des personnes dignes de foi ont dé-

« posé, que le saint prêtre allant de côté et d'autre sur « les galères, pour voir comment tout y alloit, aperçut « un forçat qui touché plus que les autres du malheur « de sa condition, la souffroit aussi avec beaucoup plus « d'impatience, et qui surtout étoit inconsolable de ce « que son absence réduisoit sa femme et ses enfants à « la plus grande misère. Vincent fut effrayé du danger « auquel étoit exposé un homme qui succomboit sous le « poids de sa disgrâce, et qui étoit peut-être plus mal-« heureux que coupable. Il examina, pendant quelques « moments, comment il pourroit s'y prendre pour adou-« cir la rigueur de son sort. Son imagination, toute fé-« conde qu'elle étoit en expédients, ne lui en fournit « aucun qui le contentât. Alors, saisi et comme emporté « par un mouvement de la plus ardente charité, il con-« jura l'officier qui veilloit sur ce canton, de trouver « bon qu'il prît la place du forçat. Dieu permit que l'é-« change fût accepté, et Vincent fut chargé de la même « chaîne que portoit celui dont il procuroit la liberté. « On ajoute, et la bonne foi m'engage à avertir que « cette circonstance n'est appuyée que sur le témoignage « d'un seul homme, on ajoute, dis-je, que le saint, qui « apparemment avoit bien pris ses mesures pour n'être « pas connu, ne le fut effectivement que quelques « semaines après, et qu'il ne l'eût peut-être pas été si-« tôt, si la comtesse de Joigny, belle-fille du général des « galères, Gondi, étonnée de ne point recevoir de ses « nouvelles, n'eût fait faire des recherches auxquelles « il étoit difficile qu'il échappât. On le découvrit enfin,

« et on convint que depuis le temps de saint Paulin, « qui se vendit lui-même pour racheter le fils d'une « veuve, il ne s'étoit peut-être pas vu d'exemple d'une « charité plus surprenante et plus héroïque.

« Je sais qu'il y a des personnes qui ont quelque peine « à souffrir qu'on fasse entrer ce fait dans sa vie. Mais, si « nous leur laissons la liberté d'en penser tout ce qu'il « leur plaira, elles doivent, ce me semble, nous laisser « celle d'en porter un jugement différent du leur. Une « critique sans bornes n'est pas moins un défaut qu'une « crédulité excessive. D'ailleurs, que penser d'une cri- « tique qui, bien évaluée, se réduit à dire : cela n'est « pas, parce que je ne puis concevoir que cela soit? Est-ce « par des raisonnements de cette nature, que l'on com- « bat des faits qui sont suffisamment établis? Baillet, « sur ce principe, nie l'esclavage de saint Paulin, contre « l'autorité expresse de saint Grégoire qui le rapporte. « Dom Gervaise établit fort bien l'esclavage de saint « Paulin (dans une dissertation particulière qu'il a mise « à la fin de la vie de ce saint évêque de Nole. En géné- « ral (et c'est une réflexion faite par un des plus savants « hommes de l'Europe, à l'occasion du fait même que « nous examinons), il est certain que lorsque Dieu veut « faire éclater la vertu de ses saints, il sait bien trouver « les moyens d'y réussir. Il ne faut donc pas commen- « cer par nier ce qui choque notre imagination, mais « par examiner s'il est bien appuyé. Or, l'action extra- « ordinaire dont nous parlons étoit si connue dans la « ville de Marseille, que le supérieur des prêtres de la

« mission, qui y furent établis plus de vingt ans après, « témoigne l'y avoir apprise de plusieurs personnes. « Je la trouve encore attestée dans un ancien manus- « crit intitulé *Généalogie*, par le sieur Dominique « Boyrie, parent de notre saint, lequel s'étant trouvé « en Provence, quelques années après que Vincent « en fut sorti, en fut informé par un ecclésiastique qui « lui parla aussi de l'esclavage du serviteur de Dieu en « Barbarie. Enfin M. Abelli nous apprend qu'un des « prêtres de Vincent de Paul lui ayant demandé un « jour, s'il étoit vrai qu'il se fût mis autrefois en la place « d'un forçat, et si l'enflure de ses pieds venoit de la « chaîne dont il avoit été chargé, *le serviteur de Dieu « détourna le discours en souriant, sans donner aucune « réponse à sa demande*. Ce silence seul paroîtra une « démonstration à quiconque pensera sérieusement jus- « qu'où notre saint portoit l'humilité, et combien il « étoit éloigné de permettre qu'on lui fît honneur du « bien qu'il n'avoit pas fait, lui qui écartoit, avec des « précautions infinies, le souvenir et l'idée de celui qu'il « n'avoit pu dérober aux regards des hommes. »

Après avoir ainsi discuté les preuves d'un dévouement si glorieux à Vincent de Paul, Collet, n'ayant été contredit encore par personne, parle du même fait avec la plus ferme assurance, dans tous ses autres écrits en l'honneur du saint. Il le raconte comme incontestable, dans *l'abrégé de la vie*. Enfin, voici comment il s'exprime dans son panégyrique, note v : « Il y parut bien lors- « qu'étant à Marseille, où il gardoit l'*incognito* pour

« connoître mieux l'état des choses, il se mit à la « chaîne pour en tirer un forçat qui s'y désespéroit. »

Mais d'autres témoignages, ajoutés aux récits de ses deux premiers historiens, garantissent la certitude d'un si grand acte de charité.

Dans l'abrégé de sa *vie*, imprimé à Turin en 1746, on lit page 6, sous l'année 1615 : » Vincent de Paul se « substitua lui-même à la place d'un pauvre forçat sur « les galères de Marseille, pour le laisser aller en li- « berté secourir sa mère, sa femme et ses enfants ré- « duits à une extrême misère. Les officiers qui inspec- « toient les galères, ayant admiré avec stupeur un si « grand acte de charité, mirent Vincent de Paul en li- « berté, et le regardèrent comme un grand saint. »

Dans un autre abrégé chronologique de la même vie, par M. de la Torre, imprimé à Turin en 1738, on lit page 28, sous l'année 1615 : « L'infirmité que souffrit « saint Vincent de Paul à ses jambes enflées et ouvertes « pendant quarante-cinq ans, provint de la chaîne « dont il fut chargé sur les galères de Marseille, où il « se mit volontairement à la place d'un forçat. »

Le procès de la canonisation fut imprimé à Rome en 1737, et il remplit quatre volumes in-folio. Voici l'extrait de quelques pièces contenues dans le second volume. Je ne citerai que les actes admis à la congrégation des rites, avec l'approbation du promoteur de la foi, Prosper Lambertini, et adoptés dans le rapport officiel du cardinal de Polignac, *ponent* ou rapporteur de la cause.

Memoriale CUM RESTRICTU PROBATIONUM, *actûs heroicæ charitatis, quâ servus Dei Vincentius de Paulis motus se supposuit in locum damnati ad triremes, ut ipsum liberaret.*

BEATISSIME PATER,

Inter heroicos virtutum actus venerabilis servi Dei, Vincentii à Paulo, relatos et probatos in summariis hujus causæ, ferè innumeri sunt illi charitatis ergà proximum, tam quoad animas quàm respectu corporum, ex cujus perfectione colligitur perfectio charitatis ergà Deum; quia juxtà S. Augustinum, in sermone de dominicâ post Ascensionem, *quâ charitate proximum, ipsâ charitate diligimus Deum.* Cùm autem causæ postulatoribus in revolutione processuum occurrerit inter alios ille dictæ charitatis maximus, quod scilicet Dei servus, consumptis omnibus in officio pietatis, *se ipsum liberè triremium vinculis et servituti subjecerit, ut cuidam misero ad triremes damnato libertatem procuraret, talique modo restitueret matri, uxori et filiis pauperibus.* Indè creditur Dei servum continuam contraxisse tibiarum infirmitatem, quæ in horrendum ulcus desivit, quâ infirmitate per quadraginta quinque annos laboravit, et quâ tandem vivere desiit. Proprii muneris visum fuit tam singulare heroicæ charitatis argumentum Sanctitati Vestræ humiliter exponere, eo modo quo se habet in processibus et in vitâ servi Dei, ut ex illo faciliùs agnosci possit quàm immensa fuerit altitudo, profunditas et latitudo dictæ charitatis quam Deus in corde ipsius diffudit.

Ex processu in specie, auctor. apost., pag. 432.

« M. Casset, prêtre de la congrégation de la mission « et supérieur du séminaire de Toul, dans une lettre « qu'il écrivit immédiatement après la mort de Vincent « de Paul, compulsée dans le procès de la canonisa- « tion, page 968, après avoir rapporté plusieurs actes « de sa charité, ajoute : Tout cela lui paroissoit peu de « chose, si après avoir tout donné, et n'ayant plus rien « à donner, il ne se donnoit lui-même par charité à son « prochain.... Une pauvre femme, dont le fils uni- « que avoit été condamné aux galères pour un délit « qu'on lui avoit faussement imputé, se plaignit amè- « rement de son désastre, en l'exposant à Vincent de « Paul. Ce saint prêtre, ne sachant comment la conso- « ler, excité par un mouvement extraordinaire de cha- « rité et de compassion, alla se mettre à la place de ce « galérien : et la même chaîne avec laquelle ce forçat « étoit retenu par les pieds dans la chiourme, IL SE LA « MIT LUI-MÊME DE SES PROPRES MAINS A SA JAMBE. C'est de « là qu'est venu le mal qu'il y a toujours souffert de- « puis, et qui l'a enlevé au monde et à ses enfants. »

Ex processu informativo compulsato, fol. 619.

« Treizième témoin, M. René Thieulin, prêtre de la « mission, âgé de soixante-seize ans, répond à la quarante- « cinquième question, qu'à l'égard de la charité de Vin- « cent de Paul pour le prochain, il se trouve obligé de « déposer en particulier, qu'il a entendu dire à M. Ber-

« guière, trésorier de France, demeurant à Caen, per-
« sonnage d'une très grande réputation de sainteté, que
« Vincent de Paul se mit à la place d'un forçat, sur les
« galères de Marseille, pour lui procurer sa liberté. »

Ex processu ordinario legitimè confecto, pag. 871.

« Nicolas Chapron, de l'ordre de la Merci, âgé de
« quatre-vingt-quatre ans, lequel avoit vécu avec Vin-
« cent de Paul à Saint-Lazare, répondant à la question
« quatorzième, dépose que durant son séjour à Saint-
« Lazare, il avoit toujours entendu dire aux frères de
« la maison, que l'ulcère dont Vincent de Paul avoit
« été incommodé aux jambes pendant quarante ans,
« provenoit uniquement du poids des chaînes qu'il
« avoit portées sur les galères de Marseille, lorsqu'il s'y
« mit volontairement à la place d'un forçat. »

Je ne transcris pas un plus grand nombre de témoignages uniformes. Voici des discussions qui fournissent d'autres preuves du même fait.

Sequuntur observationes, pagin. 873.

Servus Dei qui proprias laudes abhorrebat, et quidquid sibi famam poterat conciliare sollicitè occultabat, numquàm passus esset hujus facti ab episcopo Ruthenensi relati narrationem, si sine mendacio illud potuisset negare, nec obstat quod ejus modi factum non probetur per testes de visu, sed tantùm de auditu; nam agitur de facto quod annos ferè centum contigit ante inchoationem processuum. Siquidem rev. Abelli, episcopus Ruthenensis, in vitâ servi Dei testatur Dei servum per annos 45 *continuos laborasse gravissimâ inflammatione tibiarum et pedum, ex quâ infirmitate obiit anno* 1660; *et ex superiùs dictis constat quod adeò gravem infirmitatem contraxerit servus Dei, ex vinculis quibus illum ligavit propria charitas, ut liberaret miserum damnatum ad triremes, ad effectum eum restituendi suis matri, uxori et filiis, in extremâ paupertate vitam agentibus. Processus autem, auctoritate ordinariâ confectus super famâ sanctitatis et virtutibus servi Dei, inchoatus fuit anno* 1705, *et signatura commissionis sanctæ memoriæ Clementis XI, pro constructione processûs auctoritate apostolicâ, obtenta fuit anno* 1709, *quadraginta et novem annis post mortem Vincentii à Paulo. Sic datum non erat habere testes de visu. Undè in talibus circumstantiis probant testes de auditu, ut testatur Farinaccius* de testibus, *quæstione* 69, *n°* 125, *cum aliis quos refert et sequitur Mat.*, de canonisatione sanctorum, *part.* 4, *cap.* 18, *n°* 13.

Dominicus Calmeta, advocatus.

Revisa,

Joannes Zuccherinius, sub-promotor fidei.

Le pape Clément XII, dans sa bulle de canonisation, *superna Jerusalem,* du 16 juin 1737, rappelle le même sacrifice de Vincent de Paul, en ces termes, paragraphe 8:

Narrant Vincentium à Paulo, ad exemplum sancti Raimundi Nonnati, catenis se subjecisse, cùm forte unum è conservis suis sub gravi catenarum pondere miserè labo-

rantem conspexisset, nec ad sublevandas miseri illius angustias haberet quod traderet, se ipsum dedisse in vincula, ut corporis sui dispendio alienam redimeret servitutem. C'est-à-dire :

« On raconte qu'à l'exemple de saint Raymond *Non-*
« *né,* Vincent de Paul se dévoua volontairement à la
« chaîne ; qu'ayant vu l'un de ses compagnons d'escla-
« vage, inconsolable du poids accablant de ses fers, et
« se trouvant dépourvu de tout moyen de soulager les
« angoisses de ce malheureux, il se donna lui-même,
« en se jetant dans les liens de l'esclavage, pour le
« racheter de la captivité, aux dépens de son propre
« corps »

Ce paragraphe doit être discuté :

Nous avons déjà vu ci-dessus, que la procédure pour la béatification de Vincent de Paul ne fut ouverte en France, que dans le cours de l'année 1705, quarante-cinq ans après sa mort, et quatre-vingt-dix ans après son dévouement sur les galères. Un si long intervalle fit nécessairement périr beaucoup de faits et de preuves honorables pour sa mémoire. Trente-deux autres années s'écoulèrent ensuite, depuis l'introduction de la cause jusqu'à la canonisation. Ce fut donc avec cette sage circonspection NARRANT, *on raconte*, qu'à cette distance d'un événement dont il n'existoit plus aucun témoin, le souverain pontife dut rappeler cet acte héroïque de charité, en 1737. Le pape en fait mention dans sa bulle, comme d'un sacrifice très probablement certain, mais dont le laps du temps ne permet plus d'acquérir la preuve légale. Il parle avec la même réserve de quelques autres traits qui, durant le cours d'une procédure si différée, lui ont été exposés par des témoins auriculaires qu'on admet, en pareil cas, au tribunal des rites, sur la foi bien constatée des contemporains qui en ont transmis le souvenir. Mais la formule usitée, *on raconte*, n'en est pas moins d'un très grand poids dans la bouche du chef de l'Église. Elle suppose des motifs suffisants de crédibilité, et l'intention d'en accréditer la croyance.

Mais j'avoue qu'il y a dans ce paragraphe de la bulle de Clément XII une inexactitude manifeste de localité. Ces mots, *unum è conservis suis*, signifieroient en effet que Vincent de Paul délivra de la chaîne l'un des compagnons de sa propre captivité, en se chargeant lui-même de ses fers; ce qui transporteroit nécessairement le lieu de la scène en Barbarie, puisqu'il ne fut *captif* et n'eut des compagnons d'esclavage qu'à Tunis. Or, cette supposition est absolument inadmissible, et en voici la preuve. Une bulle de canonisation n'est et ne peut être que le résultat de la procédure qui la précède et la motive. J'ai ce procès sous mes yeux, en quatre volumes in-folio. Il n'y est parlé de cet acte héroïque de charité, qu'en le plaçant sur les galères de Marseille, conformément aux témoignages que je viens de transcrire. D'ailleurs, il est constant et même démontré, que Vincent de Paul fut toujours esclave durant les trois années qu'il passa en Afrique. Il ne put par conséquent jamais y sacrifier sa propre liberté à l'un de ses compagnons d'esclavage, et le racheter en se mettant volontairement à sa place. Au reste, ce n'est nullement pour l'intérêt de sa gloire, mais pour l'intérêt seul de la vérité, que je relève cette inadvertance de rédaction : un tel sacrifice est toujours admirable, en quelque lieu qu'il ait été consommé.

L'histoire même des temps modernes est quelquefois plus merveilleuse que la fable. Ce seroit en ce genre une source continuelle d'erreurs, que de vouloir juger toujours de la vérité par les règles de la vraisemblance. Ce principe égare très souvent Voltaire dans ses ouvrages historiques, où il oublie sans cesse le précepte lumineux de Boileau, qu'on peut appliquer à tout :

Le vrai peut quelquefois n'être pas vraisemblable.

On n'a point contesté le prodige beaucoup plus récent de la piété filiale, par lequel le fils d'un protestant s'est substitué à son père sur les mêmes galères de Marseille, et dont on a fait le sujet d'un drame intitulé, *l'Honnête Criminel* *.

Fin de la note par l'éditeur.

Voici maintenant ce qu'on lit dans la note 21 du pa-

* Ce fait est arrivé en 1756. Jean Fabre, qui donna ce bel exemple de dévouement à son père, condamné aux galères perpétuelles, recouvra sa liberté en 1762, par ordre du roi ; et en 1768, il obtint son décret de grâce et de réhabilitation, sur la demande de M. le duc de Choiseul, qui étoit alors ministre de la marine. (*OEuvres de Falbaire de Quingey*, in-8° ; Paris, 1787.)

négyrique de saint Vincent de Paul, par M. de Boulogne, évêque de Troyes, imprimé à Paris en 1822.

« Le fait que l'abbé Maury s'est plu tant à faire va-« loir dans son panégyrique de saint Vincent de Paul, « non-seulement est plus qu'invraisemblable, il est « moralement impossible; et dans la supposition mê-« me que le saint prêtre eût voulu porter à ce point « *une humanité exagérée*, il n'en auroit pas été le « maître, tout aumônier général des galères qu'il étoit. « Aussi *la congrégation des rites n'en a point fait usage* « *pour sa béatification*, et l'orateur auroit bien pu s'en « dispenser dans son panégyrique. Nous n'ignorons pas « que, dans plusieurs vies de saint Vincent de Paul, ce « fait est présenté, sinon comme avéré, du moins com-« me très vraisemblable ; mais nous avouons que les « raisons sur lesquelles s'appuient ces historiens, ne « nous ont pas semblé péremptoires ; et, *quand même* « *le fait seroit vrai, nos réflexions à ce sujet ne nous en* « *paroîtroient pas moins convenables.* »

La note mise d'abord sous les yeux des lecteurs renferme assez de documents pour justifier, ce me semble, la saine critique du cardinal Maury. D'avance, il a répondu à tous les reproches par lesquels l'évêque de Troyes nous a fourni la preuve la plus convaincante qu'il n'avoit étudié son sujet que très superficiellement. En effet, ce prélat, pour rendre le fait encore plus invraisemblable, semble le dénaturer à plaisir, en supposant que Vincent de Paul étoit aumônier général des galères, lorsqu'il se substitua à la place d'un forçat. Or, Abelli, que M. de Boulogne appelle *un pieux et savant évêque, l'ami, le compagnon de Vincent de Paul, qui fut aussi son directeur jusqu'à sa mort*, dit formellement *qu'il fit cette action de charité long-temps avant l'institution de sa congrégation*, commencée en 1625, approuvée par l'archevêque de Paris en 1626, et confirmée par le Saint-Siége en 1627. *Long-temps avant* doit signifier au moins un laps de quelques années. Vincent de Paul ne pouvoit donc pas être encore aumônier des galères, puisque cette charge ne lui fut conférée qu'en 1619*. Nous avons d'ailleurs d'autres témoignages uniformes qui confirment cette induction. Le *Recueil des preuves* nous apprend que les plaies qui affligèrent pendant quarante-cinq années Vincent de Paul, étoient provenues de la chaîne dont il fut chargé sur les galères de Marseille; ce qui fait remonter son sacrifice à l'an 1615, puisqu'il mourut en 1660. C'est aussi cette même époque qu'assigne *il ristretto cronologico della vita, virtù e miracoli del B. Vincenzo de' Paoli;* ouvrage d'autant plus remarquable, qu'il fut imprimé à Rome même en 1729, pour être distribué au milieu de la cérémonie de sa béatification, et qu'il est en outre dédié à Benoit XIII. Cette version est de plus adoptée dans *l'Abrégé chronologique* publié à Turin en 1738.

Que si ensuite M. de Boulogne *trouve cette hu-*

* Lisez avec attention le brevet de Louis XIV, qui forme la note 5. Elle est conçue, pour le fond, dans les mêmes termes que celui de Louis XIII, et vous conclurez nécessairement que le sacrifice de saint Vincent de Paul devoit être de beaucoup antérieur.

manité exagérée ; s'il va jusqu'à dire : *quand même le fait seroit vrai, nos réflexions ne nous en paroîtroient pas moins convenables ;* ce n'est pas moi qui oserai me permettre de réfuter cette assertion d'un évêque; mais écoutons l'oracle de Benoît XIV. « Quand il « s'agit de canoniser saint Vincent de Paul, ce grand « pontife demanda s'il s'étoit opéré des miracles par « son intercession. On lui dit qu'il avoit porté, deux ans, « les chaînes d'un forçat, pour le rendre à sa famille « désolée. *Erigantur altaria !* s'écria-t-il; et ce trait de « sa vie, ajoute l'historien, fera autant d'honneur à « son cœur plein de toute l'énergie de la charité, que « ses ouvrages en feront à ses vastes connoissances. » (*Elogio primo di san Vincenzo de' Paoli, da Evasio Leone*, Parma, 1801.)

Saint Pierre Nolasque, fondateur de l'ordre de la rédemption des captifs, outre les trois vœux de religion, en imposa un quatrième, par lequel tous ceux de ce nouvel institut devoient s'obliger *d'engager leurs biens et leurs propres personnes, pour la délivrance des captifs et des prisonniers.* (Vie des pères, des martyrs et des autres saints; par Alban Butler. Toulouse, 1808.)

« Petrus Nolascus, unà cum sancto Raymundo de Pen- « nafort, religionem beatæ Mariæ de mercede redemp- « tionis captivorum instituit : sodalibus suis quarto voto « obstrictis manendi in pignus sub paganorum potes- « tate, si pro christianorum liberatione opus fuerit. » (*Breviarium Romanum. Lectio in festo S. Petri Nolasci confess.*)

Je termine cette note, en transcrivant l'inscription que les enfants de Vincent de Paul firent graver sur le monument qu'ils lui érigèrent à Turin, dans leur église, lorsque son cœur y fut transféré. C'est un hommage public destiné à perpétuer le souvenir de son dévouement sur les galères.

INCOGNITO
DOMANDA, PREGA, OTTIENE
DI ESSERE MESSO ALLA CATENA,
COME UN FORZATO,
SU LE GALERE DI MARSIGLIA,
PER LIBERARNE UN' UOMO
PIU INFELICE CHE REO;
LO SOLLECITA DI PRESTO PARTIRE,
DI PORTARE
ALL' AFFLITTA MADRE, AGLI
ABBANDONATI FIGLJ, ALLA
DESOLATA MOGLIE, ASSISTENZA,
CONFORTO, SALUTE, E VITA.

Note n° 5, page 29.

Voici le brevet par lequel Louis XIV rappelle que Vincent de Paul a été nommé par son père, Louis XIII, aumônier des galères, et assure pour toujours cette place au supérieur de la congrégation de la mission :

« Aujourd'hui, 16 de janvier 1644, le roi étant à Pa-
« ris, sur ce que le sieur duc de Richelieu, général des
« galères de France, a remontré à sa majesté, qu'at-
« tendu le grand fruit et avantage qui a été reçu, tant
« pour la gloire de Dieu, que pour l'instruction, édi-

« fication et salut de tous ceux qui servent sur lesdites « galères, par l'excellent choix qui a été ci-devant fait de « *messire* Vincent de Paul, supérieur général de la « congrégation des prêtres de la mission, pour la charge « d'aumônier réal desdites galères, dont il auroit été « pourvu par brevet, dès le huitième février 1619, avec « supériorité sur tous les autres aumôniers desdites ga- « lères; et attendu aussi qu'à cause de ses grandes oc- « cupations, tant auprès du roi et de la reine-régente sa « mère, qui l'appellent souvent à leur conseil, que dans « sa chage de supérieur général de ladite congrégation, « il est impossible qu'il puisse être toujours à Marseille, « pour exercer ladite charge d'aumônier réal desdites « galères, il seroit besoin de lui donner pouvoir de « commettre en son absence le supérieur des prêtres de « la mission établis à Marseille, et d'affecter cette char- « ge pour toujours au supérieur général de ladite con- « grégation de la mission, présent et à venir. Sadite ma- « jesté, ayant agréable la proposition dudit sieur général « des galères, de l'avis de la reine-régente sa mère, a « confirmé ledit *messire* Vincent de Paul en ladite charge « d'aumônier réal desdites galères; et outre ce lui a donné « pouvoir de destituer les aumôniers, avec supériorité « de tous les autres aumôniers desdites galères, qu'il ne « trouvera pas propres, et d'en mettre d'autres en leur « place; comme aussi de commettre en son absence le « supérieur des prêtres de la mission de Marseille, pour « en jouir avec pareilles fonctions, autorités, gages, hon- « neurs et droits, et a affecté à toujours ladite charge

« d'aumônier réal des galères de France, avec pareil pou-
« voir et autorité, au supérieur général de la congréga-
« tion de la mission, présent et à venir. Voulant sadite
« majesté qu'en cette qualité il soit couché et employé
« sur l'état des galères, en vertu des brevets qui lui en
« seront expédiés en conséquence de celui-ci que sadite
« majesté a voulu signer de sa main, et être contre-signé
« par moi, conseiller en son conseil d'état et secrétaire
« de ses commandements. Signé Louis, et plus bas, de
« Loménie. »

Note n° 6, page 32.

En 1664, Vincent de Paul écrivoit à un missionnaire :
« Le bien que Dieu veut, se fait quasi de lui-même,
« sans qu'on y pense. C'est comme cela que notre con-
« grégation a pris naissance ; que la compagnie des filles
« de la Charité a été faite ; que celle des dames pour
« l'assistance des pauvres de l'Hôtel-Dieu de Paris, et
« des paroisses s'est établie ; que l'on a pris soin des
« enfants trouvés ; et qu'enfin toutes les œuvres dont
« nous nous trouvons à présent chargés, ont été mises
« au jour, et rien de tout cela n'a été entrepris avec
« dessein de notre part ; mais Dieu, qui vouloit être servi
« en de telles occasions, les a lui-même suscitées in-
« sensiblement ; il s'est servi de nous, sans que nous
« sussions où cela alloit. » (*Vie* par Collet, tome 2,
pag. 453.)

Note n° 7, page 35.

Louis XIII, dans son lit, le crucifix à la main, témoignoit ses inquiétudes de conscience au père...., jésuite, son confesseur ordinaire. Celui-ci lui répondit qu'il suffisoit *de voir avec quelle piété le roi regardoit la croix, pour s'assurer de la parfaite intelligence qui régnoit entre leurs majestés divine et humaine* *. Le monarque, révolté d'un tel rapprochement, se tourna d'un autre côté dans son lit, et, dès que le confesseur se fut retiré, ce prince fit appeler Vincent de Paul qui vint le préparer à la mort. Mais il n'avoit pas attendu ses derniers moments, pour lui témoigner son estime et sa confiance, sous les rapports spirituels de la plus haute importance.

Note n° 8, page 39.

L'historien Collet trace en ces termes le tableau de la conduite du saint, pendant les troubles de la Fronde:

« Pendant les barricades de Paris, la délivrance de « ceux qui avoient été arrêtés par ordre de la cour, les

* Dubois, l'un des valets de chambre de Louis XIII, eut la stupide bassesse de s'approprier une si honteuse adulation, en écrivant le journal de la mort de ce prince, qu'on trouve dans un recueil en deux volumes, intitulé: *Curiosités historiques*. « Le prince, dit-il, étant à l'agonie, et ne « parlant plus, avoit les mains croisées sur sa poitrine, et les yeux levés « au ciel, où s'adressoient avec ferveur ses prières et ses vœux: *ce qui* « *marquoit un grand commerce entre leurs majestés divine et humaine*. »

« murmures qui renaissoient tous les jours, les factions « qui se multiplioient, portèrent la reine à prendre un « parti contraire à sa douceur naturelle. Elle résolut « d'affamer Paris. Dans cette vue, elle en sortit le jour « des Rois, à trois heures du matin, avec le roi son fils, « et la plus grande partie de la cour qui la suivit à Saint- « Germain-en-Laye. Vincent fit dans ces temps de trou- « ble tout ce qu'on peut attendre d'un bon citoyen, et « il souffrit tout ce que pouvoit redouter un sujet fidèle. « Comme il jugea que les pauvres seroient bientôt ré- « duits à de fâcheuses extrémités, il tâcha de leur mé- « nager une ressource dans les provisions destinées à la « subsistance de sa maison. Il en fit sortir tous les sémi- « naristes avec leur directeur, qu'il envoya à Richelieu; « il fit fermer son collége des Bons-Enfants, renvoya « tous les étudiants de Saint-Charles, qui pouvoient « rester chez eux; et le blé que cette jeunesse eût con- « sumé, fut mis en réserve pour les pauvres.

« Après ces charitables précautions qui furent prises « en peu de jours, le saint forma un projet qu'on peut « regarder comme l'un des plus beaux monuments de « son courage et de son désintéressement, en ne suivant « que les mouvements et les lumières de sa conscience. « Anne d'Autriche l'avoit toujours honoré d'une bien- « veillance particulière. Elle tenoit quelquefois avec « lui son conseil secret; elle lui renvoyoit une multi- « tude d'affaires. Il eut sous la régence toujours du crédit, « et beaucoup plus qu'il n'en vouloit avoir. Il auroit « donné mille fois sa vie pour cette princesse, et pour

« le roi son fils. Cependant la conduite qu'elle tenoit à « l'égard du peuple, lui paroissoit trop rigoureuse. Il « crut devoir s'en expliquer avec elle de vive voix. Il « sentit que, dans l'agitation des esprits, la liberté qu'il « alloit prendre devoit être suivie d'un exil ou d'une « disgrâce marquée ; mais il ne craignoit rien, quand « il s'agissoit de remplir un devoir.

« Il arriva donc sain et sauf à Saint-Germain-en- « Laye. Il eut une longue conférence avec la reine. Il « fit tous ses efforts pour détourner sa majesté du des- « sein d'assiéger Paris. Il lui représenta qu'il n'étoit pas « juste de faire mourir une multitude immense d'inno- « cents, pour punir une trentaine de coupables. Il lui « fit une vive peinture des malheurs qui alloient fondre « sur le peuple. Il alla plus loin, en osant avancer que « la présence de M. le cardinal Mazarin, paroissant la « source de toutes les brouilleries de l'État, il croyoit « qu'il falloit le sacrifier pour quelque temps.

« Quoiqu'il ne s'écartât jamais du respect qu'il devoit « à la reine-régente, il parla néanmoins avec tant de « force, qu'un moment après il en fut surpris et affligé. « Dès cet instant, il compta moins sur le succès de sa « négociation ; *car enfin*, disoit-il le lendemain, *jamais « discours qui sentît la rudesse ne m'a réussi ; et j'ai « toujours remarqué que pour ébranler l'esprit, il faut « ne pas aigrir le cœur.* Il se corrigea bien vite de ce « ton de vivacité qui n'étoit ni de son goût, ni de son « caractère. Étant passé de l'appartement de la reine à « celui du ministre, il lui parla avec une douceur dont

« le cardinal fut touché. Cependant, au ton près, il « répéta tout ce qu'il avoit dit à la reine. Il le conjura « de céder au malheur des temps, et de se jeter lui-« même à la mer pour calmer la tempête. Mazarin, peu « accoutumé à des semonces si vives, et à qui personne « n'avoit encore osé tenir un pareil langage, ne laissa « pas de répondre au saint avec beaucoup de bonté : « *Eh bien! notre père,* lui dit-il, *je m'en irai, si M. Le* « *Tellier est de votre avis.* » (*Vie,* tom. 1, liv. 5, pag. 446 *et suivantes.*)

Dans sa bulle de canonisation, Clément XII rend aussi le plus glorieux témoignage au désintéressement et à la fermeté de saint Vincent de Paul, dans l'administration de la feuille des bénéfices. Voici comment le souverain pontife s'exprime dans le paragraphe 17 :

« Cùm nobiles viri filios suos commendarent, et pro-« missis aut minis urgerent, vel speranda præmia deri-« sit, vel prætentas minas calcavit. Neque anima fortis « et robusta, detrimento hæreditatis Christi et crucis « dispendio, potentes sibi optavit amicos, aut de com-« minatis malis trepida inimicos formidavit. »

Note n° 9, page 52.

Ante Vincentii tempora, Remiges ægritudine correpti, in antris, stercore, et sterquilinio, pecudum et bestiarum more, vinculis et compedibus gravati, omnibus ferè invisi, sæpè famelici, semper squalidi jacebant. (Vita et gesta v. servi Dei, n° 14.)

NOTE n° 10, page 60.

Valetudinaria Parisiis et Massiliæ constructa et dotata fuere, in quæ miseri illi ægritudine laborantes translati, et spiritualibus et corporalibus subsidiis recreantur. (Bulla canoni. part. 15.)

« Il n'est point de langue, écrivoient les missionnai-
« res, il n'est point de langue qui puisse dire ce que nous
« avons vu ; presque toutes les églises profanées, les or-
« nements pillés, les prêtres ou massacrés ou tourmen-
« tés, ou mis en fuite ; toutes les maisons démolies ;
« les moissons enlevées ; la terre sans culture et sans se-
« mence ; la famine et la mortalité presqu'universelles ;
« les corps sans sépulture, et exposés pour la plupart
« à être la pâture des loups. » (*Vie* par Collet, tome 1, page 486.)

« Après la bataille de Rethel, en 1650, il resta sur la
« place deux mille Espagnols, à qui personne ne donnoit
« la sépulture. Plus de huit semaines après le combat,
« ils étoient encore sur le champ de bataille......... Vin-
« cent de Paul les fit ensevelir. » (*Recueil des Relations*, pag. 3.)

Saint Vincent de Paul dit lui-même dans une de ses lettres que, pendant les dix années de ses dons immenses en Lorraine, les hôtels des principales dames de son assemblée étoient devenus comme des *magasins de marchands en gros*. On y voyoit toutes sortes d'ornements d'église, de vases sacrés, des missels, avec une immense quantité de draps, de chemises, de couvertures, d'habits de toute étoffe, de toute forme, de tout état, de tout sexe, de tout âge. Pour subvenir à l'entretien de ces trois provinces, Vincent de Paul supprima l'entrée qu'on servoit à la table de saint Lazare, se réduisit ainsi que sa communauté à ne manger que du pain bis, ensuite du pain d'avoine. Toutes les routes étoient infestées de soldats sans discipline, de voleurs, de bandits. Les maraudeurs affamés pilloient et massacroient tous ceux qu'ils rencontroient. L'un des plus grands embarras de Vincent de Paul, durant ces dix années continues de calamités, fut la difficulté de faire parvenir, chaque mois, ses immenses largesses. Ce fut à travers tant de périls, qu'un frère de la mission fit seul, et sans aucune espèce d'accident, cinquante-quatre voyages pour porter en Lorraine les aumônes de Paris. Il ne portoit jamais moins de vingt mille francs, et il porta souvent jusqu'à onze mille écus en or.

La ville de Reims ne se borna pas à écrire des lettres de remercîment au serviteur de Dieu. Il y fut arrêté que, pour reconnoître, autant qu'on pourroit, les services que ce grand homme, les dames de son assemblée, et ceux qui coopéroient à leur bonne œuvre, s'efforçoient de rendre à la province de Champagne, on célèbreroit chaque jour une messe pour eux devant le tombeau de saint Remy; et, afin que tous les habitants du lieu pussent, au moins une fois, faire éclater de concert leurs sentiments et leur reconnoissance, on fit une procession générale pour prier Dieu de faire une ample miséricorde à ceux qui l'avoient si généreusement exercée en faveur de ce peuple affligé. (*Recueil des relations*, page 31, et *Vie* par Collet, tom. 1, page 320 et suivantes.)

Note n° 11, page 76.

Les Israélites, obligés par la loi de venir, une fois par an, de toute la Judée, au temple de Jérusalem, récitoient pour leur itinéraire sur la route le 118e psaume, *Beati immaculati in viâ.* C'étoit ensuite sur les marches du grand escalier, qu'ils lisoient les quinze psaumes graduels, avant d'entrer dans la maison du Seigneur. La citation que j'ai faite de ce psaume, et la manière dont j'en ai traduit le texte, sont le sujet de la note explicative que j'y ajoute ici.

Saint Augustin dit que ce psaume est d'autant plus profond qu'il paroît plus clair. Ce jugement est lui-même une pensée aussi lumineuse que profonde. L'évêque d'Hippone trouvoit ce cantique de David si riche, qu'il en fit la matière de trente-deux discours imprimés dans ses œuvres. L'Église romaine oblige tous ses ministres de le réciter, chaque jour, dans les petites heures de la prière publique assignée à l'office divin.

Le verbe *supersperare*, qu'on ne trouve dans aucun autre livre de la Bible, est répété cinq fois dans ce psaume 118, verset 43 : *in judiciis tuis supersperavi ;* verset 74 : *in verba tua supersperavi ;* verset 81 : *in verbum tuum supersperavi ;* verset 114 : *in verbum tuum supersperavi ;* et verset 147 : *in verba tua supersperavi.*

Dans le verset 42, qui précède le verset 43, où ce mot paroît pour la première fois, l'expression ordinaire est employée dans la vulgate, ainsi que dans le texte hébreu : *et respondebo exprobrantibus mihi verbum, quia speravi in sermonibus tuis.* L'écrivain sacré avertit le lecteur par ce changement répété d'expression, qu'il ne l'emploie point comme un simple synonyme. Rien n'est plus manifeste. Il a voulu renchérir très visiblement sur l'acception ordinaire du mot *sperare*, puisqu'il ne s'en contente plus pour exprimer toute sa pensée. Cinq répétitions du mot composé, et la singularité de cette locution, démontrent qu'elle signifie plus que la simple espérance.

Les interprètes les plus accrédités du psautier attachent tous à ce mot *supersperavi* un sens plus fort que l'espoir. La raison grammaticale qu'ils en donnent est péremptoire. Selon tous les hébraïsants que j'ai consultés, le verbe hébraïque *jtralte*, dont se sert David, a une tout autre force que le mot commun *sperare;* et la conjugaison *iphtael* à laquelle il appartient, renferme un sens trop essentiellement emphatique dans l'hébreu, pour qu'on puisse traduire l'acception dans toute son énergie, en retranchant du verbe la préposition *super,* ou son équivalent qui le précède. C'est pour lui conserver sa véritable signification dans toute sa latitude, que la vulgate et les septante y joignent une préposition ampliative.

En expliquant le psaume 118, dans son ouvrage intitulé *Inenarrationes in psalmos,* saint Augustin approuve hautement la traduction de la vulgate, par l'expression composée ou double *inesperavi.* Il dit que cet équivalent a été fort bien imaginé et sagement adopté, pour exprimer le sens de l'original hébreu, ainsi que de la première version de la Bible en grec. Le mot *supersperare* rend, selon lui, d'autant mieux la pensée de David, qu'il est moins d'usage dans la langue latine. Enfin, en expliquant ces paroles du roi prophète, *in judiciis tuis supersperavi,* il observe que le sens de l'auteur inspiré n'est pas de dire seulement, que les châtiments du ciel ne lui ôtent point l'espérance, mais qu'ils l'augmentent au contraire dans son âme, comme autant de présages favorables d'une indulgence miséricordieuse, au-delà de cette vie. *In judiciis tuis supersperavi, id est, judicia tua quibus me corripis, non solùm mihi spem non auferunt, verùm etiam augent, quoniam quem diligit Dominus corripit.*

Le cardinal Bellarmin, aussi judicieux que savant, reconnoît également dans son *Explication des psaumes,* que le seul mot *sperare* n'auroit pas exprimé ce que David a voulu dire et a dit, au lieu que la vulgate traduit fidèlement le texte hébreu, par le mot *supersperavi* qui signifie *multùm sperare.*

Le *bienheureux* cardinal Thomasi est du même avis, dans son *Explication des psaumes.* Il déclare qu'on auroit eu tort de se contenter du simple mot *speravi* dans la traduction latine, et que le sens manifeste du psalmiste ne peut s'exprimer en latin que par le mot *supersperavi,* c'est-à-dire, *magis speravi, multùm speravi.*

Le père Berthier, dont les traductions et les explications des psaumes de David et des prophéties d'Isaïe doivent être comptées parmi nos meilleurs et nos plus beaux ouvrages de piété, traduit ainsi les versets extraits ci-dessus du psaume 118, savoir, le verset 43 : *J'ai mis toute mon espérance dans vos jugements;* le verset 74 : *J'ai mis ma confiance en vos paroles;* le verset 81 : *J'ai mis ma confiance dans votre parole;* le verset 114 : *J'ai mis toute ma confiance dans votre parole;* et le verset 147 : *J'espérois dans vos paroles.*

C'est éluder la difficulté sans la résoudre, et peut-être même sans l'apercevoir. On regrette qu'un traducteur si savant, et ordinairement si littéral, se contente d'une si foible version. L'infidélité n'existe pas moins dans les réticences que dans les paraphrases. Cette distraction du père Berthier est d'autant plus fâcheuse, qu'elle a pu induire à la même négligence un écrivain d'un goût très sévère, et dont la traduction de David est postérieure à la sienne.

La Harpe publia, vers la fin de sa vie, le *psautier* en françois, avec les hymnes et les cantiques du bréviaire de Paris. Il joignit à cette élégante traduction un discours préliminaire, écrit avec une chaleur et une verve que ses principes religieux ajoutèrent seuls à son talent, et qu'on ne trouve point dans ses compositions antérieures. Voici comment il traduit, ou croit traduire le mot *supersperavi* cinq fois dans le même psaume. Il exprime ainsi le verset 43 : *Ma suprême espérance est dans vos jugements;* le verset 74 : *J'ai mis toutes mes espérances dans vos paroles;* le verset 81 : *J'ai mis toute ma confiance en vos paroles;* le verset 114 : *Vos promesses sont toute mon espérance;* enfin le verset 147 : *Je n'ai espéré qu'en vos paroles.*

La Harpe affoiblit, efface, dénature en quelque sorte le sens du texte sacré; et en se bornant à de vains efforts pour varier les formules de cinq phrases uniformes, identiques, il écarte la difficulté, sans reproduire jamais ni la pensée, ni le sentiment, ni même l'expression énergique et remarquable de la vulgate. Le seul premier verset est renforcé par l'épithète *suprême,* qui ne rend nullement l'intention de l'écrivain sacré. David ne veut pas dire seulement qu'il fonde sa principale espérance dans les jugements de Dieu, et que cet espoir prédomine sur la crainte dans son âme : il veut dire, il dit que bien loin de se laisser abattre par les rigueurs du ciel qu'il éprouve, sa confiance dans les jugements miséricordieux du Tout-Puissant s'appuie au contraire sur ces rigueurs elles-mêmes, et s'élève au-delà, au-dessus de l'espérance ordinaire, par un surcroît d'assurance fondée sur ce nouveau gage de la clémence divine, *Supersperavi.* Voilà manifestement la pensée du roi prophète. Or, la traduction de La Harpe, insuffisante pour le premier verset, par l'adjectif *suprême,* retranche absolument des quatre autres versets la préposition augmentative *super,* que la vulgate ajoute au mot *speravi,* ne donne aucune espèce de valeur à cette addition saillante; et La Harpe efface ou détruit la pensée de David, au lieu de la traduire.

L'immortel Bossuet, qui nous a laissé sur tous les objets de ses études les traces de son incomparable génie, traduisit en françois les psaumes et les hymnes de l'office divin, dans un recueil intitulé *Pièces ecclésiastiques*. Cette version, digne de lui, se trouve à la suite de son Catéchisme, dans le troisième volume de ses œuvres, édition de Nîmes, sous le nom de Liége, 1766.

Le psaume 118 est traduit en françois, à son rang dans ce recueil, page 602. Le verset 43 y est ainsi rendu : *Je mets toute mon espérance en vos jugements*; le verset 74 : *J'aurai toujours espéré en vos paroles*; le verset 81 : *J'espère en vos paroles de plus en plus*; le verset 114 : *J'espère de plus en plus en vos paroles*; le verset 147 : *J'espère de plus en plus en vos paroles*. Ces trois derniers exemples démontrent qu'en traduisant le mot *supersperavi*, par *j'ai espéré de plus en plus*, Bossuet a senti la nécessité d'ajouter au mot *espérer* l'adverbe *de plus en plus*, qui marque un progrès sensible. En exprimant nettement cette augmentation d'espérance, Bossuet a cru devoir traduire et a véritablement traduit la pensée de David, indiquée dans la vulgate, par l'addition de la préposition *super* au mot *speravi*.

Bossuet a donc préféré une circonlocution approximative, à la traduction littérale qu'il est si facile de transporter dans notre langue, sans aucune altération, sans aucun changement, sans s'exposer au moindre reproche de néologisme. Cette traduction littérale est tellement naturelle, exacte, équivalente, conforme à la langue originale, qu'elle se présente nécessairement la première à l'esprit du traducteur, et qu'il faut la rejeter pour lui chercher un supplément. Je regrette que Bossuet, dont l'autorité eût consacré cette traduction littérale, n'ait pas imité en françois l'exemple donné par la vulgate dans la langue latine. A la fin quelqu'un doit commencer. Malgré mon aversion pour le néologisme, si bien flétri par ce vers :

Si vous ne pensez pas, créez des mots nouveaux,

j'ai donc cru pouvoir hasarder, sans esprit d'innovation, la traduction la plus identique, en rendant l'expression composée *supersperare*, par le mot composé *surespérer*. Ce mot, formé par la même alliance de la préposition avec le verbe, pouvant s'exprimer, en françois comme en latin, par les mêmes éléments, par l'union de deux termes également admis dans les deux langues, il me semble qu'il n'y a pas lieu d'hésiter, quand on veut rendre fidèlement le texte sacré. Pourquoi ne dirions-nous pas *surespérer*, qui est conforme à l'usage du latin, quand ce mot est nécessaire, harmonieux ; comme nous disons, dans la plus parfaite analogie de langage, même sans pouvoir toujours nous appuyer sur l'autorité de la langue latine, *surabonder, suracheter, surcharger, surfaire, surnager, surnommer, surpasser, surprendre, surcroître, surenchérir, surhausser, surmener, surmonter, surpayer, surveiller, survendre, survenir, survivre*, etc., qu'on trouve dans tous les dictionnaires de notre langue ?

Dans l'*Essai sur l'Éloquence de la chaire*, tome 2,

page 13, l'auteur traduit *vidi impium superexaltatum super cedros Libani*, psaume 36, verset 35, en disant : J'ai vu l'impie surexalté et élevé comme les cèdres du Liban. Le mot composé *superexaltatum* est ainsi rendu par le mot composé *surexalté*. Toutes les observations de cette note peuvent donc servir à expliquer de même la liberté que le cardinal Maury a prise d'employer, pour un cas parfaitement identique, un verbe qui n'est point usité, mais qui semble ici naturellement appelé, pour traduire sans périphrase toute la force de l'expression latine. (*Note de l'éditeur.*)

Note n° 12, page 82.

La bulle de la canonisation renferme un récit touchant de la fermeté et de la résignation avec lesquelles Vincent de Paul vit approcher ses derniers moments.

Ab incruento altaris sacrificio nunquàm abstinuit, ita vivens ut quotidiè offerre posset. Et quia nonnullis antè obitum mensibus, ob tibiarum morbum gravissimè adauctum, pedibus insistere nequibat, aderat quotidiè missæ sacrificio, et pane angelico refectus, post humilem gratiarum actionem, solemnes Ecclesiæ preces pro agonisantibus præscriptas, veluti propè diem ex corporeo carcere ad cœlestem patriam migraturus, pro animi sensu recitabat. Par. 31.

« Il ne s'abstint jamais de célébrer le sacrifice non « sanglant de l'autel, et il vécut constamment de ma- « nière à pouvoir l'offrir à Dieu tous les jours. Quelques

« mois avant sa mort, le mal qu'il avoit aux jambes « s'aggrava tellement qu'il ne pouvoit plus se soutenir « sur ses pieds. Il assistoit journellement à la messe, il « s'y fortifioit du pain des anges, et après les plus hum- « bles actions de grâces, pressentant qu'il sortiroit bien- « tôt de sa prison corporelle pour se rendre dans sa « patrie céleste, il récitoit, avec une sensibilité pro- « fonde, les prières solennelles prescrites par l'Église « pour les agonisants. »

Saint Vincent de Paul se familiarisoit ainsi avec la mort, en se faisant, tous les jours, à lui-même, la recommandation de l'âme, pendant les derniers mois de sa vie. « L'éternité lui étoit toujours présente. Un de ces « jours, disoit-il, le misérable corps de ce vieux pécheur « sera mis en terre et réduit en cendres : vous le foulerez « aux pieds. Il y a si long-temps, ajoutoit-il, que j'a- « buse des grâces de Dieu ! Hélas ! Seigneur, je vis trop « long-temps, parce qu'il n'y a point d'amendement « dans ma vie, et que mes péchés se multiplient avec « mes années. Ses sentiments humbles se ranimoient « surtout quand il apprenoit à la compagnie la mort « d'un sujet qui servoit utilement l'Église. Vous me « laissez ici, ô mon Dieu ! ajoutoit-il d'un ton propre « à porter le saisissement au fond des cœurs, vous me « laissez, et vous appelez à vous vos serviteurs fidèles. « Je suis cette ivraie qui gâte le bon grain que vous « recueillez. Me voici encore occupant inutilement la « terre ! Mais, mon Dieu ! que votre volonté soit faite, « et non pas la mienne.

« La nouvelle des infirmités et de l'accablement du « saint se répandit en France et en Italie. On connut « alors combien il étoit chéri et estimé. Le pape lui fit « expédier un bref pour le dispenser de la récitation « du bréviaire.

« L'insomnie des nuits, et l'extrême foiblesse du « corps, lui causoient un assoupissement contre lequel « il ne pouvoit plus se défendre. Il le regardoit comme « l'avant-coureur d'une mort prochaine. *C'est le frère,* « disoit-il en souriant; *la sœur ne tardera pas à le sui-* « *vre.* Le 25 septembre 1660, cet assoupissement fut « plus profond qu'à l'ordinaire. Il entendit la messe le « lendemain, et y communia, comme il faisoit tous les « jours, depuis qu'il n'avoit plus la force de célébrer « le saint sacrifice. Dès qu'il fut de retour dans sa cham- « bre, l'assoupissement le reprit. Le frère qui le servoit, « l'éveilla plusieurs fois et le fit parler. Mais voyant « que le sommeil revenoit toujours, il fit appeler le « médecin. Celui-ci trouva le pouls si foible, qu'il pres- « crivit l'extrême-onction. Cependant il le réveilla et le « fit parler, avant de se retirer. Le saint malade, tou- « jours semblable à lui-même, répondit avec un air « riant; mais, après quelques paroles, il resta court, et « il n'avoit pas la force d'achever le discours qu'il avoit « commencé.

« Ce fut alors que ses enfants connurent qu'ils alloient « perdre le meilleur des pères. Un d'eux lui demanda « sa bénédiction pour tous les autres. Il fit un effort « pour lever la tête. Il jeta sur ce missionnaire un re-

« gard plein de tendresse ; et ayant commencé les paro-
« les de la bénédiction, il en prononça plus de la moi-
« tié, et le reste si bas qu'à peine pouvoit-on l'entendre.
« Vers le soir, on s'aperçut qu'il s'affoiblissoit de plus
« en plus, et qu'il sembloit tendre à l'agonie. On lui
« administra l'extrême-onction. Il passa la nuit dans
« une continuelle application à Dieu. Quand il s'assou-
« pissoit plus profondément, il suffisoit de lui parler de
« Dieu pour l'éveiller. Entre les aspirations qu'on lui
« suggéroit de temps en temps, aucune ne parut plus
« propre à sa situation que ces paroles : *Seigneur, venez*
« *à mon secours!* Il y répondoit aussitôt par celles qui
« suivent : *Hâtez-vous, Seigneur, de m'assister.* Vers
« les quatre heures du matin, le 27 septembre 1660,
« il s'éteignit comme une lampe qui n'a plus d'aliment,
« sans fièvre, sans effort, sans ombre de convulsion. Il
« rendit à Dieu l'une des plus belles âmes qui aient ja-
« mais été créées. Son visage ne changea point. Il étoit
« mort assis et habillé sur un fauteuil. On l'auroit pris
« pour un homme vivant. Son corps ne se roidit point :
« il resta aussi souple, aussi flexible qu'auparavant. »
(*Vie* par Collet, tom. 2, liv. 6.)

Son église de Saint-Lazare fut démolie sous le règne de la terreur. On y voyoit, au milieu du chœur, le tombeau de saint Vincent de Paul, couvert d'une pierre de marbre noir, sur laquelle on lisoit cette inscription : *Hìc jacuit sanctus Vincentius à Paulo, congregationis missionis et puellarum Charitatis institutor.* Cette expression au passé *jacuit*, substituée au présent *jacet*, frappoit un lecteur attentif. Celui qui proposa, au moment de la canonisation, un changement si simple, si vrai, ne soupçonna probablement pas l'effet qu'il produiroit, parce qu'il étoit unique. Le souvenir de ce monument, qu'on doit regretter, semble ajouter une nouvelle profondeur au néant, et rappelle ce vers de Colardeau :

Tout périt ici-bas, tout, le tombeau lui-même.

Note n° 13, page 84.

Dans l'oraison funèbre même du prince de Condé, Bossuet n'exagéroit nullement les connoissances extraordinaires de son héros, quand il disoit « que son grand « génie embrassoit tout, l'antique comme le moderne, « l'histoire, la philosophie, *la théologie la plus subli-* « *me,* et les arts avec les sciences. » Un éloge si singulier dans la vie d'un héros, se trouve justifié par l'historien de saint Vincent de Paul, qui nous présente ce récit non moins glorieux pour le vainqueur de Lens et de Rocroi, que pour le fondateur de l'hospice des Enfants Trouvés et de la Salpétrière. « Au commencement « de la faveur dont Vincent de Paul jouit à la cour, il « alla voir le prince de Condé, qui voulut le faire as- « seoir auprès de lui : *Votre altesse,* lui dit-il, *me fait* « *trop d'honneur de vouloir bien me souffrir en sa pré-* « *sence. Ignore-t-elle que je suis le fils d'un pauvre* « *paysan? — Les mœurs et la bonne vie,* répliqua ce « prince, *sont la vraie noblesse de l'homme.* Moribus et

« VITA NOBILITATUR HOMO. Il ajouta que ce n'étoit pas « d'aujourd'hui que l'on connoissoit son mérite. Cependant, pour mieux en juger par lui-même, il fit tomber « la conversation sur un point de controverse. Vincent « en parla avec tant de netteté et de précision, que le « prince se crut obligé de lui faire une espèce de réprimande. *Eh quoi! monsieur Vincent,* s'écria-t-il, *vous « dites, vous publiez partout que vous êtes un ignorant; « et cependant vous venez de résoudre en deux mots « l'une des plus grandes difficultés qui nous soient pro- « posées par les protestants!* Il lui demanda ensuite l'é- « claircissement de quelques autres doutes qui concer- « noient le droit canonique; et ayant été aussi content « de lui sur cette matière, qu'il l'avoit été sur l'autre, « il passa dans l'appartement de la reine-régente, et « la félicita du choix qu'elle avoit fait d'un homme si « capable de l'instruire en tout ce qui regardoit le bien « et les affaires de l'Église. » (*Vie,* par Collet, tome 1, in-4°, liv. 4, pag. 367.)

NOTE n° 14, page 86.

EPISTOLA

Jacobi Benigni Bossuet, episcopi Meldensis, ad Clementem XI.

.... *Testamur Vincentium à Paulo ab ipsâ adolescentiâ nobis fuisse notum, ejusque piis sermonibus atque consiliis veros et integros christianæ pietatis et ecclesiasticæ disciplinæ sensus nobis esse instillatos, quorum recordatione in hâc quoque ætate mirificè delectamur.*

Processu temporis, et jam in presbyterio constituti, in eam sodalitatem coaptati sumus, quæ pios presbyteros ipso duce et auctore in unum colligebat de divinis rebus per singulas hebdomadas tractaturos. Pium cœtum animabat ipse Vincentius, quem cùm disserentem avidi audiremus, tum impleri sentiebamus apostolicum illud : Si quis loquitur, tanquàm sermones Dei : si quis ministrat, tanquàm ex virtute, quam administrat Deus...... *Licuit nobis affatìm eo frui in Domino, ejus que virtutes coràm intueri, ac præsertim genuinam illam et apostolicam caritatem, gravitatem atque prudentiam cum admirabili simplicitate conjunctam, ecclesiasticæ rei studium, zelum animarum, et adversùs omnigenas corruptelas invictissimum robur atque constantiam.*

Datum in civitate nostrâ Meldensi, 2 augusti 1702.

« Nous avons eu l'avantage de connoître Vincent de « Paul, dès nos plus jeunes ans. Ses pieux entretiens et « ses sages conseils n'ont pas peu contribué à nous inspirer du goût pour la vraie et solide piété, et de « l'amour pour la discipline ecclésiastique. Dans cet « âge avancé où nous sommes, nous ne pouvons nous « en rappeler le souvenir sans une extrême joie. Élevé « au sacerdoce, nous eûmes le bonheur d'être associé à « cette compagnie de vertueux ecclésiastiques, qui s'as- « sembloient toutes les semaines pour conférer ensem- « ble des choses de Dieu. Vincent fut l'auteur de ces « saintes assemblées, il en étoit l'âme. Jamais il n'y « parloit, que chacun de nous ne l'écoutât avec une « insatiable avidité, et ne sentît en son cœur que Vin-

« cent étoit un de ces hommes dont l'apôtre a dit : Si « quelqu'un parle, qu'il paroisse que Dieu parle par « sa bouche.... Il nous a été donné de jouir de lui, à « loisir, dans le Seigneur, d'étudier de près ses vertus, « surtout cette charité sincère et vraiment apostoli- « que, cette gravité, cette prudence jointe à une admi- « rable simplicité, ce zèle ardent pour le rétablissement « de la discipline ecclésiastique et pour le salut des « âmes, cette force et cette constance invincible, avec « laquelle il s'élevoit contre tout ce qui pouvoït cor- « rompre ou la pureté de la foi, ou l'innocence des « mœurs.

« A Meaux, le 2 août 1702. »

EPISTOLA

Spiritûs Flechier, episc. Nemausensis.

In urbem regiam deindè vocatus, officiisque majoribus intentus, quæ pauperibus auxilia non contulit? Nata esse et cum illo crevisse visa est miseratio. Inopum necessitates inquirens, divitum conscientiam sollicitans, omnem charitatem exercuit. Alendis confectâ ætate senibus, orphanis atque incertæ nativitatis infantibus educandis, damnatis ad triremes remigibus è durâ servitute eximendis, civibus morbo simul et inopiâ laborantibus juvandis recreandisque, omnem operam atque diligentiam adhibuit. Oppressas bellis tùm domesticis, tùm extraneis familias, imò provincias, conquisitis collectisque opibus sublevari; egenis Parisios concurrentibus xenodochia extrui; annuos census suppeditari curavit. Nulla miseriarum species quæ non illum misericordem senserit; et ne quid magnificis deesset operibus, ut corporum commodo, ita animarum saluti ubiquè provisum est : eleemosynæ, doctrinæ, vitæ auxiliis accessere religionis documenta.

.... Ut presbyteros episcopis, ita ecclesiæ dignos parabat episcopos. Annæ austriacæ, quæ tunc temporis regnum administrabat, à sacris consiliis, apostolicæ virtutis viros ad summas præsulum sedes evehendos vel indicens, vel commendans, suis aut testimoniis aut suffragiis clero gallicano eum, quo nunc etiam præfulget, splendorem contulit.

Nemausi, die 13 *octob. ann.* 1705.

« Fixé dans la capitale, occupé des fonctions les plus « importantes, il ne perdit jamais les pauvres de vue. « Sa tendresse pour eux, née, ce semble, avec lui, de- « venoit chaque jour plus agissante et plus ingénieuse à « découvrir leurs besoins et à les soulager. Il n'est sorte « d'œuvres de charité pour lesquelles il n'ait trouvé des « ressources intarissables. Les vieillards courbés sous le « poids des années, les orphelins, les enfants trouvés, « les galériens, les pauvres malades, des familles, des « provinces même entières, où les guerres et intestines « et étrangères avoient porté la plus affreuse misère; « tous trouvèrent en Vincent un père et un libérateur. « Il procura aux uns la santé, aux autres la liberté, à « ceux-ci une éducation chrétienne, à ceux-là une hon- « nête retraite. On a vu par ses soins s'élever dans Paris

« de superbes hôpitaux, pour servir d'asile aux pauvres « qui inondoient cette ville. Il procura pour l'entretien « de ces hôpitaux des fonds abondants. Aucun besoin « n'échappoit à l'immense charité de ce saint homme; « et, afin que rien ne manquât à la perfection et à l'hé- « roïsme de si grandes œuvres, il allioit le soin des âmes « avec celui du corps. Jamais il ne sépara l'instruction « de l'aumône, ni les pathétiques exhortations, du sou- « lagement des besoins corporels.

« .... Comme il avoit préparé les ordinands au saint « ministère, il forma à l'Église de dignes évêques. Ap- « pelé au conseil de conscience par la reine-mère « Anne d'Autriche, régente du royaume, il contribua « beaucoup à faire élever aux premières dignités de l'É- « glise, des hommes d'une vertu apostolique; et l'on « peut dire que le clergé de France lui doit, en grande « partie, l'éclat dont il brille aujourd'hui.

« A Nîmes, le 13 octobre 1705. »

EPISTOLA

De La Motte Fenelon, archiepiscopi-ducis Cameracensis.

Junior sum equidem, sanctissime pater, quàm ut Vincentium nosse potuerim. Sed me jam patre orbatum, et à patruis eductum adolescentem, audire juvabat eos Vincentii facta dictaque admirantes... Et hæc sunt, sanctissime pater, quæ à testibus omni fide dignis tradita, vicissim tradenda arbitror. Quòd si vox populi vox Dei dicenda sit, *tot gallicanæ gentis vota, quæ pater-*

num pectus commovent, omnia nobis fausta prœnuntiant. Nemo est enim apud nos veræ pietatis amans, qui sanctum hunc virum exemplo fidelibus assignari, et ab iis invocari non optet.

Datum, 20 *aprilis* 1706.

« Je suis trop jeune, très saint père, pour avoir pu « connoître Vincent de Paul. Mais, après la mort de « mon père, ayant été élevé chez mes oncles, j'ai eu le « bonheur de les entendre souvent admirer ses actions « et ses paroles.... Et ce que j'ai appris de ces témoins « si dignes de foi, je me fais, à mon tour, un devoir de « l'exposer à votre sainteté. *Si la voix du peuple est la « voix de Dieu,* tous ces vœux de la France, si propres « à toucher un cœur paternel, seront sans doute exau- « cés; car il n'y a pas un seul ami de la vraie piété, qui ne « soupire après le moment où ce saint personnage, étant « donné en exemple aux fidèles, deviendra un objet de « leur culte spécial.

« A Cambrai, le 20 avril 1706. »

NOTE n° 15, page 90.

Je me suis plaint, en terminant le panégyrique de saint Vincent de Paul, de ne trouver son nom *dans aucun des ouvrages immortels* qui ont tant illustré le siècle de Louis XIV. Un seul auteur de cette époque, Charles Perrault, lui a donné une place dans ses *Éloges historiques des grands hommes du dix-septième siècle.* Mais il auroit fallu mériter soi-même un rang parmi ces illustres génies, pour en être le Plutarque. Perrault ne connoissoit ni la vie, ni même les institutions et les établissements publics de saint Vincent de Paul. C'est, si l'on me permet ces comparaisons, c'est oublier, dans l'éloge d'Alexandre, les victoires d'Issus et d'Arbelles, et dans l'éloge de César, les journées de Pharsale et de Munda.

Cependant cet éloge renferme un trait remarquable que Perrault a justement relevé, sur le refus motivé de saint Vincent de Paul d'admettre deux sujets d'un rare talent, parmi ses missionnaires, qu'il vouloit spécialement consacrer à la direction des séminaires et à l'apostolat des campagnes. On pourroit ne voir dans ces excuses que sa profonde humilité, ou un désintéressement de renommée très singulier dans le fondateur d'une congrégation : et même, sous cet unique rapport, un tel sacrifice seroit aussi louable que rare ; mais la réflexion y découvre surtout le grand sens et la judicieuse prévoyance qui distinguoient éminemment son excellent esprit. Il craignit d'altérer et de dénaturer peut-être son institution, en lui faisant ambitionner les illustrations de la gloire littéraire.

Je dois dire aussi que, par une glorieuse exception, Arnaud a fait mention de saint Vincent de Paul, incidemment à la vérité, mais dans les termes les plus justes et les plus honorables. « Vincent de Paul, dit-il, tu fus le « *meilleur des hommes*, et, sans flatterie, j'ai pu te nom- « mer l'*homme unique*.... C'est à cet ecclésiastique, ajou- « te-t-il, que nous avons l'obligation de conserver par

« année près de dix mille individus, que notre liberti-
« nage et notre barbarie sembloient, en quelque sorte,
« condamner à la mort dès qu'ils voient le jour ; et
« c'est à cet ecclésiastique, que, sans nulle distinction
« de rang, de pays, de culte même, les pauvres et les
« malades sont redevables du secours que la charité
« aujourd'hui leur prodigue, et qui les rappelle, la
« plus grande partie, à la vie. » (*Délass. de l'homme sens.*)

NOTE DE L'ÉDITEUR n° 16, page 92.

Louis XVI vous érige aujourd'hui une statue dans son palais.

Ce fut en 1785 que le cardinal Maury exprima le vœu qu'on rendît cet honneur solennel à la mémoire de saint Vincent de Paul. Le duc de Nivernois, dans sa réponse à son discours de réception à l'Académie Françoise, lui en fit des remercîments publics. « Dans le beau
« panégyrique, dit-il, où vous nous invitez à l'hono-
« rer, avec autant d'attendrissement que d'admiration,
« *au pied des autels*, vous l'avez montré aux hommes
« de tous les climats et de toutes les religions, à l'uni-
« vers enfin, comme un bienfaiteur de l'humanité en-
« tière, à qui toute âme sensible doit un tribut d'amour
« et de reconnoissance. La statue de ce grand homme
« sera un jour offerte à nos hommages, et c'est à votre
« éloquence que nous la devrons. Ainsi vous verrez
» s'associer votre gloire à celle de votre héros, et à celle
« d'un monarque qui a la vraie piété des rois, puisqu'il

« met la sienne dans l'amour du bien public, de l'ordre « et des mœurs. »

Le compliment du directeur de l'Académie fut aussitôt ratifié par l'opinion publique ; et quinze ans après, le roi Louis XVIII, si juste appréciateur des convenances et du mérite littéraire, daignoit y joindre son approbation entière, en écrivant au cardinal Maury: *Vous êtes le digne panégyriste du plus modeste des saints.*

Mais cette espèce de prescription n'a pu trouver grâce auprès de M. de Boulogne, évêque de Troyes. Voici en quels termes il s'exprime à ce sujet, dans son panégyrique de saint Vincent de Paul, publié en 1822. « Pensez-vous que Vincent eût fait tout ce qu'il a fait, s'il « n'avoit eu pour espérance que le temps, pour aliment « que la fumée de la gloire, et pour toute ambition « qu'une vaine statue? »

Non sans doute, pourrois-je dire en reprenant le propre texte de l'orateur qui avoit laissé parmi nous un si long souvenir, que son triomphe étoit cité comme une époque remarquable de notre histoire ; qu'en Italie on s'en étoit emparé dans les chaires chrétiennes, comme de l'un des plus glorieux hommages rendus à la religion par l'autorité souveraine * ; et que M. de Boulogne lui-même avoit eu plus d'une fois sans doute ce même orateur présent à sa pensée, pour nourrir et en-

* *Nouveau Dictionnaire historique*, par Chandon et Delandine; Caen, 1804. Charles Lacretelle, *Histoire de France*; Paris, 1811. *Evasio Leone, carmelitano*, *Elogj di S. Vincenzo de' Paoli*; *Parma*, 1801, etc.

flammer son génie du produit de ses veilles. En effet, le morceau le plus saillant du discours de l'évêque de Troyes, la belle et pathétique prosopopée sur les enfants trouvés, se termine par ce fameux verset, *ex ore infantium et lactentium perfecisti laudem;* patrimoine commun, il est vrai, de tous les prédicateurs, mais qui semble *ici*, en quelque sorte, appartenir à son précurseur, *jure postliminii* *; et de plus, le plan oratoire du panégyrique de l'évêque de Troyes, *saint Vincent bienfaiteur de son siècle, saint Vincent bienfaiteur des races*

* Les voix de ces enfants, qui sont appelées pour *bégayer le nom chéri* de Vincent de Paul, et achever son éloge, amènent si naturellement l'application du verset de l'Écriture, que tous les auditeurs en furent attendris, et qu'au milieu de cette commotion générale, l'orateur, ému lui-même, fut forcé d'interrompre son discours. Or, il est bien difficile de supposer que l'évêque de Troyes, qui avoit si long-temps recherché l'abbé Maury, et qui étoit assidu à toutes ses *stations*, n'ait eu aucune réminiscence d'un passage si remarquable. Je me serois abstenu d'en parler, s'il ne m'avoit pas mis dans la cruelle alternative de répondre, ou de devoir forcément retrancher des morceaux entiers des discours que je publie.

Qu'il me soit pourtant encore permis de demander à M. de Boulogne où il a pris cette belle image, *pour la première fois ces grandes âmes lui échappent.* Mais non : le cardinal Maury me répondroit aussitôt : C'est un emprunt que j'ai fait moi-même au génie de Tacite, qui a dit le premier : *si non cum corpore extinguuntur magnæ animæ;* et le *divin* Alighieri, si digne de se mesurer avec le plus profond des historiens, avoit consacré cette magnifique expression de Tacite dans ces deux vers de son sublime poëme :

Vidi quattro grand' ombre a me venire.
Mi fur mostrati gli spiriti magni.

Ainsi laissons à chacun ce qui lui appartient. Et moi, ajouterai-je, que de larcins plus récents, et plus incroyables encore, aurois-je à relever, si je voulois, ou plutôt si je pouvois tout dire !

futures, reproduit trop fidèlement l'idée créatrice du panégyrique de saint Louis, par le cardinal Maury, *saint Louis créateur ou* bienfaiteur *de son siècle, saint Louis bienfaiteur de tous les siècles qui l'ont suivi.* Mais, non sans doute, redis-je, pour répondre aux paroles accusatrices de M. de Boulogne, non, « l'homme de l'éternité, Vincent de Paul, en rapport avec « Dieu seul, ne chercha jamais les regards des hommes « dans ses bonnes œuvres ; il avoit confié ses vertus à « une religion, qui après l'avoir couronné dans le ciel, « est venue lui ériger des autels dans nos temples. »

Une statue ! continue l'évêque de Troyes ; « mais se- « roit-ce donc à ce chétif honneur que se mesure l'hom- « me juste ? Qu'on lui décerne une futile gloire pour la- « quelle il n'a point travaillé, et ces honneurs civiques « qu'il eût repoussés lui-même : pour nous, nous le re- « vendiquons au nom sacré de la religion. » Le cardinal Maury dit également : « C'est à la religion de « Jésus-Christ qu'appartient ce grand homme ; c'est de « l'école de Jésus-Christ qu'est sorti le plus magnifique « bienfaiteur de l'humanité, et c'est au pied de la « croix de Jésus-Christ, que nous déposons tous ces ti- « tres de gloire fondés sur la reconnoissance du genre « humain. »

Dans une note mise à la fin du panégyrique, M. de Boulogne revient sur le même chapitre ; et sans nommer cette fois-ci le cardinal Maury, de peur apparemment que l'on ne pût se méprendre sur le vrai sens de la tournure oratoire sous laquelle il avoit feint de masquer une attaque si vive et si personnelle, il affirme « que la statue fut élevée au Louvre, « par ordre du gouvernement, ou plutôt du *directeur* « *des bâtiments*, à l'instigation d'une coterie de philo- « sophes. » Il dit ensuite « qu'il a cru à propos de rele- « ver cette impertinence philosophique; d'autant plus « que *certains prédicateurs*, *aussi téméraires que mala-* « *droits*, avoient eux-mêmes provoqué une apothéose si « inconvenante, qu'ils osoient appeler une canonisa- « tion civile, espèce d'insulte à la canonisation reli- « gieuse. »

Tout le blâme vient donc, en définitif, retomber sur l'homme à qui Louis XVI avoit dit: *Vous avez le courage des Ambroise, l'éloquence des Chrysostôme; et vous êtes, comme le savant évêque de Meaux, en butte à la calomnie* *; sur celui qu'une voix également respectable et auguste, appeloit *l'intrépide défenseur de l'autel et du trône, le digne panégyriste du plus modeste des saints* **; que Pie VI s'étoit complu de désigner dans une allocution consistoriale, par ces mots, *egregium virum* ***? Que dirai-je de plus? Cette censure étoit dirigée contre un ancien condisciple, contre un collègue, qne le zèle de l'évêque de Troyes (soit dit sauf le respect que je porte à sa dignité autant qu'à sa personne) auroit pu avertir en temps utile et opportun; elle s'exer-

* Lettre du 13 février 1791.

** Lettre de Louis XVIII, du 20 octobre 1799.

*** Paroles de Pie VI dans le consistoire tenu le 26 septembre 1791, en créant l'abbé Maury cardinal *in petto*.

çoit enfin, cette réprimande si amère, sur un émule déjà mort, hélas! depuis bien des années, en venant le troubler dans sa tombe, où peut-être le croyoit-on descendu tout entier! Mais le cardinal Maury ne sera pas jugé sans être entendu dans sa propre cause. Voici son apologie préparée par lui en 1785, à une époque où certes il ne pouvoit guère prévoir que sa mémoire devroit un jour être défendue des trophées de son éloquence.

« La première fois que je prêchai le panégyrique de « saint Vincent de Paul, dans son église de Saint-Lazare « à Paris, j'avois ajouté à cet endroit de mon discours le « morceau que je transcris ici: « Oh! si je prononçois cet « éloge en présence de notre auguste monarque, j'ose- « rois sans doute croire assez à son émotion pour lui « dire dans ce moment: Sire, dès long-temps les peu- « ples ont érigé des statues aux rois. Vous avez le premier « acquitté la dette du trône, en rendant le même hon- « neur aux grands hommes de votre nation. Cet homma- « ge solennel, actuellement consacré par votre majesté « au génie et à la vertu, n'a été usurpé ni par l'intrigue, « ni par le crédit, ni par la faveur, ni par l'esprit de « parti, ni par l'impiété, ni par le vice. Je puis donc « réclamer et je réclame en effet, avec autant de con- « fiance que de justice, une distinction si éclatante pour « saint Vincent de Paul, à qui tous nos divers tributs de « gloire appartiennent éminemment. La religion lui a « élevé des autels dans ses temples; mais qu'a fait pour « lui sa patrie? Ah! il est temps enfin de tirer son nom de

« l'oubli. Que sa statue, entourée d'un groupe d'en-« fants abandonnés, apparoisse dans le palais de nos « rois, à côté de celle de Bossuet et de Fénélon qui l'at-« tendent; et le peuple reconnoissant ira graver à ses « pieds cette inscription également glorieuse pour vo-« tre majesté, pour saint Vincent de Paul, et pour la « France : *Un bon roi à un bon citoyen.* »

« Mon vœu ainsi exprimé, et aussitôt répété par la « voix publique, fut porté le lendemain au roi, par le « comte d'Angivilliers, surintendant des bâtiments et mi-« nistre des arts. Sa majesté ordonna sur-le-champ que « la statue de saint Vincent de Paul fût exécutée en mar-« bre, pour être placée dans la galerie du Louvre, et elle « me fit donner l'ordre de prêcher en sa présence ce « même panégyrique, dont je retranchai avec joie une « invitation qui avoit été si promptement accueillie. »

Ce panégyrique a été lu, relu à Rome dans des assemblées où affluoient, à l'envi, des cardinaux, des prélats, des généraux d'ordres, entr'autres celui de Saint-Lazare, qui s'y rendoit accompagné de l'élite des enfants de saint Vincent de Paul. Il s'y trouvoit aussi un grand nombre d'évêques et d'ecclésiastiques françois des plus distingués. Je me souviens d'avoir moi-même assisté à deux de ces réunions chez le digne et respectable cardinal Albani, doyen du sacré collége, et chez le cardinal Antonelli, qui jouissoit d'une si haute réputation, en qualité de théologien canoniste. Le cardinal Gerdil, si renommé par sa science ecclésiastique, y étoit également présent. Pour donner une idée de la vive et profonde émotion que ce discours produisoit sur tout l'auditoire, qu'on sache que, plusieurs années après, le célèbre et savant cardinal Borgia étoit dans l'habitude de répondre, lorsqu'on vantoit en sa présence quelque prédicateur fameux : *Va bene così, ma non vi è ch' un panegirista, ed è il mio cardinale, l'oratore di san Vincenzo.* Pie VI, ce grand et pieux pontife, si justement vénéré par l'Eglise, voulut entendre la lecture de ce panégyrique, et il l'honora de ses plus augustes suffrages.

Je dirai enfin en terminant cette note, pour laquelle je réclame l'indulgence des lecteurs : La tempête est apaisée parmi nous ; mais nous sommes encore environnés de ruines. Au lieu de nous acharner à détruire les monuments des arts, tâchons de les multiplier en imitant ainsi l'exemple que Rome nous en donne chaque jour. Là, on sait les apprécier et les respecter. Le sénat paie un tribut particulier d'amour et de reconnoissance aux souverains pontifes, après leur mort, en plaçant leur effigie au musée du Capitole, pendant que les statues des apôtres saint Pierre et saint Paul planent sur la ville éternelle, du faîte de la colonne Trajane et de la colonne Antonine ; de même que la croix est élevée au sommet des obélisques, pour célébrer son triomphe sur les divinités du paganisme.

FIN DES NOTES DU PANÉGYRIQUE DE S. VINCENT DE PAUL.

www.ingramcontent.com/pod-product-compliance
Ingram Content Group UK Ltd.
Pitfield, Milton Keynes, MK11 3LW, UK
UKHW021057200726
13857UKWH00003B/964

9 782013 038928